西北民族大学2021年度中央高校基本科研业务费项目"'一带一路'沿线中国境内哈萨克语语音和谐研究"（31920210144）

哈萨克语语音和谐发音机制研究

辛瑞青 著

中国社会科学出版社

图书在版编目(CIP)数据

哈萨克语语音和谐发音机制研究/辛瑞青著.—北京：中国社会科学出版社，2022.2
ISBN 978-7-5203-9595-3

Ⅰ.①哈… Ⅱ.①辛… Ⅲ.①哈萨克语(中国少数民族语言)—发音—研究 Ⅳ.①H236.1

中国版本图书馆 CIP 数据核字(2022)第 020978 号

出 版 人	赵剑英
责任编辑	陈肖静
责任校对	刘 娟
责任印制	戴 宽

出　　版	中国社会科学出版社
社　　址	北京鼓楼西大街甲 158 号
邮　　编	100720
网　　址	http://www.csspw.cn
发 行 部	010-84083685
门 市 部	010-84029450
经　　销	新华书店及其他书店

印　　刷	北京明恒达印务有限公司
装　　订	廊坊市广阳区广增装订厂
版　　次	2022 年 2 月第 1 版
印　　次	2022 年 2 月第 1 次印刷

开　　本	710×1000　1/16
印　　张	13
插　　页	2
字　　数	153 千字
定　　价	76.00 元

凡购买中国社会科学出版社图书，如有质量问题请与本社营销中心联系调换
电话：010-84083683
版权所有　侵权必究

摘 要

哈萨克语是阿尔泰语系突厥语族克普恰克语组的一支。元音和谐是阿尔泰语系语言的典型特征。按元音和谐类型划分，哈萨克语的元音和谐特征为腭和谐。在腭和谐系统里元音按照发音时舌位的前后分为两组，即前元音和后元音，每组元音各为一个和谐集，在和谐域范围内，所有元音均来自同一个和谐集，即前元音或者后元音。哈萨克语不仅有着严整的腭元音和谐律，同时还包含辅音和谐现象。

本书以哈萨克语语音和谐作为研究对象，运用声学语音学相关理论和研究方法，结合生成音系学区别特征理论，分析哈萨克语语音和谐发音机制。首先，建立《哈萨克语本族语词汇语料库》，运用统计学手段提取哈萨克语元音和谐模式与辅音和谐模式。其次，运用声学语音学手段提取哈萨克语各音段声学参数并分析哈萨克语语音和谐发音机制。最后，结合哈萨克语音段生理特征和声学特征构建哈萨克语元音音段区别特征矩阵和辅音音段区别特征矩阵，综合分析哈萨克语语音和谐发音机制。研究结论主要有以下几个方面：

第一，哈萨克语元音和谐模式。哈萨克语有严整的腭元音和谐律，但是和谐集内的元音并非任意搭配。前元音中和谐搭配能力最强的是元音 e，其次为 i、æ、y、ø。以"诱发元音—靶元音"的形式呈现，前元音和谐搭配模式主要有 10 对，分别为：e-e、e-i、i-i、i-e、æ-e、æ-i、y-i、y-e、ø-e、ø-i。后元音中和谐搭配能力最强的是元音 ɑ，其次为 ə、o、u。后元音和谐搭配模式主要有 8 对，分别为：ɑ-ɑ、ɑ-ə、ə-ə、ə-ɑ、u-ɑ、u-ə、o-ɑ、o-ə。

　　第二，哈萨克语元音和谐发音机制。从开口度来看，哈萨克语元音和谐模式中"宽元音—宽元音"和"宽元音—窄元音"搭配类型较多，其他搭配类型相对较少。但元音和谐模式的首要影响因素是唇形的圆展，元音和谐模式均以"展唇—展唇"或"展唇—圆唇"的模式搭配，没有"圆唇—展唇"和"圆唇—圆唇"的搭配模式。在此前提下，元音和谐模式发音机制中起决定作用的是音段的［相对舌位前后］［相对舌位高低］两个区别特征。前后两组元音和谐模式中"诱发元音—靶元音"搭配类型都是以"后舌位—前舌位""高舌位—低舌位"为主，"低舌位—高舌位"搭配前元音 3 对，后元音 1 对，"前舌位—后舌位"搭配前后元音各 1 对，但都仅限于前后元音中舌位最前的展唇元音之间。

　　第三，哈萨克语辅音和谐模式。哈萨克语辅音和谐模式包括辅音与元音的搭配和辅音与辅音的搭配两个大的方面，辅音与元音的搭配又分为"元音＋辅音"和"辅音＋元音"两种配列模式。在"前元音＋辅音"的配列中，各辅音出现的频次高低顺序为：r＞k＞w＞n＞l＞j＞s＞t＞z＞ŋ＞m＞ʃ＞p＞q＞g＞ʤ＞b＞d＞ʁ＞χ＞h；在"后元音＋辅音"的配列中，各辅音出现的频次高低顺序为：q＞w＞r＞l＞n＞j＞s＞t＞z＞ŋ＞m＞ʃ＞p＞b＞ʁ＞ʤ＞χ＞d＞h。总的来看，在"元音＋辅音"的配列中，出现频次最高的辅音是颤音 r，其次是半元音 w，频次最低的是擦音中的 ʁ、χ、h 和塞音中的浊塞音。在"辅音 + 前元音"配列中，各辅音搭配频次高低顺序为：k > t > d > l > s > ʃ > b > r > g > m > n > ʤ > j > p > w > ʁ > ŋ > χ > h；在"辅音 + 后元音"配列中，各辅音搭配频次高低顺序为：t > q > d > l > s > ʃ > r > b > ʤ > ʁ > m > n > j > p > w > z > ŋ > x > h。辅音与辅音的和谐主要体现在 k、g 和 q、ʁ 这两组音之间的相互排斥，即不能同时出现在同一词条中。

第四，哈萨克语辅音和谐发音机制。哈萨克语"元音 + 辅音"配列中，辅音搭配频次高低的第一决定因素是辅音舌位的相对前后（［±舌位后］），［−舌位后］辅音的搭配频次高于［+舌位后］辅音的搭配频次；第二决定因素是辅音发音时气流的连续性（［±连续］），［+连续］辅音搭配频次高于［−连续］辅音的搭配频次；第三决定因素是辅音强频集中区分布频域的高低（［±高频域］），［−高频域］辅音搭配频次高于［+高频域］辅音的搭配频次。在"辅音 + 元音"配列中，辅音的强频集中区分布频域和元音舌位相对前后是决定辅音与元音搭配特征的主要因素。首先，强频集中区分布频域居中的辅音，如塞音 t、d、b、擦音 s、ʃ、边音 l 和颤音 r 与元音搭配频次较高。强频集中区分布频域最高和最低的辅音与元音搭配频次低。其次，由于哈萨克语前元音整体第二共振峰频域高，更易受辅音强频集中区分布频域影响，而后元音整体第二共振峰频域低，受辅音强频集中区分布频域影响小，哈萨克语中后元音词汇多于前元音词汇。最后，同类辅音中强频集中区分布频域最高的辅音与元音搭配频次主要受元音舌位相对前后的影响。与舌位偏前的元音的搭配频次高于与舌位偏后元音的搭配频次。其他辅音与元音的搭配频次，在受元音舌位前后影响的同时，随着强频集中区分布频域越低越容易受到元音舌位相对高低的影响，且与前元音的搭配比与后元音的搭配更易受元音舌位高低的影响。一般来说，与舌位相对偏高的元音搭配频次高于与舌位相对偏低的元音的搭配频次。辅音与辅音的和谐中 k、g 和 q、ʁ 两组音段之间的相互排斥，主要原因是两组音段的发音舌位均为［＋舌位后］，且发音部位极为接近，导致这两组音段之间无论是通过元音衔接的过渡还是相邻过渡都较为困难。

  本书可以为其他突厥语言语音和谐特征研究提供方法论借鉴，为诸语言语音和谐特征比较研究提供实践参考，也为哈萨克语文字的进一步规范和发展提供了客观依据。

Abstract

Kazakh is a language of Kupchak group from Altaic Turkic family. Vowel harmony is a typical feature of Altaic languages. Palate harmony is the main feature of vowel harmony in Turkic languages. In the palatal harmony system, vowels are divided into two groups according to the position of the tongue at the time of pronunciation, that is, front-vowel and back-vowel, and each group of vowels is a harmonious set. In the range of harmony, all vowels come from the same harmony set, that is, front-vowel or back-vowel. Kazakh has a strict harmony of palatal vowels. At the same time, in the palatal harmony system, vowel harmony may lead to the alternation of consonants pronounced by different parts, that is, consonant harmony.

Taking the phenomenon of phonological harmony in Kazakh language as the research object, this paper, based on the relevant theories of acoustic phonetics and the theory of distinctive features in Generative Phonology, analyzed the pronunciation mechanism of phonological harmony in Kazakh by using the methods related to acoustic phonetics. Firstly, *The*

Corpus of Traditional Vocabulary in Kazakh was set up, and vowel harmony patterns and consonant harmony patterns in Kazakh were extracted. Then, the acoustic parameters of each phonetic segment in Kazakh were extracted and used to analyse the pronunciation mechanism of phonological harmony. Finally, combining the physiological and acoustic features of Kazakh phonetics, the distinctive feature matrix of Kazakh vowels and consonants was constructed respectively, and on the basis of that the pronunciation mechanism of phonological harmony in Kazakh was comprehensively analysed. The research results are in the following:

First, vowel harmony patterns in Kazakh. Although Kazakh has a strict harmony of palatal vowels, vowels in each harmony set are not collocated randomly. In front vowels, vowel /e/ has the strongest ability to match the other vowels harmoniously, then comes vowel /y/, /æ/, /ø/, /i/. In the form of "leading vowel-target vowel", there are mainly 10 front vowel harmony patterns in pair: e-e, e-i, i-i, i-e, æ-e, æ-i, y-i, y-e, ø-e, ø-i. In back vowels, vowel /ɑ/ has the strongest ability to match the other vowels harmoniously, then comes vowel /ə/, /o/, /u/. There are mainly 8 back vowel harmony patterns in pair which, in accordance with their frequency, can be listed as: ɑ-ɑ, ɑ-ə, ə-ə, ə-ɑ, u-ɑ, u-ə, o-ɑ, o-ə.

Second, the pronunciation mechanism of vowel harmony in Kazakh. From the aspect of lip opening degree, pairs in "wide-wide" and "wide-narrow" are in the majority, while other patterns are less. However, the first and farmost controlling factor is lip form. In vowels harmony patterns, most vowels are paired by "unrounded-unrounded" or "unrounded-rounded", only a few pairs are in "rounded-unrounded", and no "rounded-rounded" pairs has been found. And that condition, the pronunciation mechanism of vowel harmony mainly lies in the vowels' distinctive features of [comparative tongue altitude] and [comparative tongue longitude]. Both in front vowels and in back vowels, most "leading vowel-target vowel" patterns are in "back-front" pattern and "high-low" pattern, while there are 3 pairs from front vowels and 1 pair from back vowels in "low-high" pattern and 1 pair from front vowels and back vowels respectively in "front-back" pattern, but only limited for unrounded vowels.

Third, consonant harmony patterns in Kazakh. Consonant harmony in Kazakh includes consonant-consonant collocation and consonant-vowel collocation, which involves "vowel + consonant" collocation and "consonant + vowel" collocation. In "front vowel + consonant" collocation, according to the frequency, the consonants can be listed as: $r > k > w > n > l > j > s > t > z > \eta > m > \int > p > q > g > \widehat{d\!\!\;\!}\!\!\;\!\!\;\! > b > d > \text{к} > \chi > h$; in "back vowel + consonant" collocation, according to the frequency, the consonants can be listed as: $q > w > r > l > n > j > s > t > z > \eta > m > \int > p > b > \text{к} > \widehat{d\!\!\;\!}\!\!\;\!\!\;\! > \chi > d > h$. Integrating the above two lists of ranking, consonant /r/ comes first in frequency, then comes semi-vowel /w/, while fricative /к/, /χ/, /h/ and the voiced affricates go to the last. Consonants before front vowels can be listed as: $k > t > d > l > s > \int > b > r > g > m > n > \widehat{d\!\!\;\!}\!\!\;\!\!\;\! > j > p > w > \text{к} > \eta > \chi > h$, consonants before back vowels can be listed as: $t > q > d > l > s > \int > r > b > \widehat{d\!\!\;\!}\!\!\;\!\!\;\! > \text{к} > m > n > j > p > w > z > \eta > x > h$. In the aspect of consonant-consonant collocation, two modes are involved. One of them is the exclusion between the two groups of sounds /k/, /g/

and /q/, /ʁ/, which can not be encountered simultaneously in the same word.

Fourth, the pronunciation mechanism of consonant harmony in Kazakh. In Kazakh, "vowel + consonant" collocations is mainly and firstly influenced by tongue longitude of vowels ([±back]), and vowels collocate more frequently with [−back] consonants than with [+back] ones; the second factor is the [±continuous] of airstream, and vowels collocate more frequently with [+continuous] consonants that with [−continuous] ones; the third factor is the domain of consonants' strong frequency concentration region (SFCR), vowels collocate more frequently with [−high] consonants than with [+high] ones. In "consonant + vowel" collocation, the domain of consonants' SFCR and tongue longitude of vowels are two decisive factors in consonant-vowel collocation. Firstly, consonants with SFCR in mid-domain collocate more with vowels than those in highest or lowest domain. Secondly, front vowels are more subjected to the influence of consonants' SFCR due to the high domain of F2, while back vowels are less influenced by that due to the comparative lower domain of F2, which is why there are more vocabulary with back vowels than those with front vowels. Finally, the consonant-vowel collocation of consonants with SFCR in the highest domain is mainly influenced by the tongue longitude of vowels. These consonants collocate more with vowels produced by the front part of the tongue than those produced by the back part. The collocation of other consonants with vowels is, at the same time, influenced by the tongue altitude of vowels. The lower the domain of SFCR is the more the influence is. Generally speaking, these consonants collocate

Abstract

more with vowels produced by the higher part of the tongue than those produced by the lower part, and the collocation with front vowels is more subjected to the influence. The exclusion between the two groups of /k/, /g/ and /q/, /ʁ/ is mainly because of their adjoining speech organs, especially when the two groups of sounds share the distinctive feature in tongue longitude [+back] .

This research can provide methodological reference for the study of phonological harmony features of other Turkic languages, provide practical reference for the comparative study of phonological harmony features of various languages, and provide an objective basis for the further standardization and development of Kazakh characters.

目 录

第一章 绪论··（1）
  第一节 研究背景··（1）
  第二节 哈萨克民族人口分布····································（3）
  第三节 哈萨克语语言类型与方言分布····························（5）
  第四节 哈萨克语与语音和谐研究现状····························（7）
  第五节 研究目的···（15）
  第六节 研究意义···（16）

第二章 研究理论依据··（18）
  第一节 语音和谐的定义···（18）
  第二节 生成音系学区别特征理论·································（20）
  第三节 语音生理分析与声学分析·································（21）
  第四节 哈萨克语语音和谐、生成音系学区别特征理论和
        声学语音学之关系·······································（23）

第三章 哈萨克语语音和谐搭配模式······························（26）
  第一节 《哈萨克语本族语词汇语料库》建设··················（26）

— 1 —

第二节　哈萨克语词国际音变转写 …………………………（29）
第三节　哈萨克语语音和谐模式统计分析 …………………（39）

第四章　哈萨克语音段声学特征与语音和谐发音机制…………（64）
第一节　声学实验技术路线 ……………………………………（64）
第二节　哈萨克语元音和谐发音机制分析 ……………………（69）
第三节　哈萨克语辅音声学特征与和谐发音机制 ……………（89）

第五章　哈萨克语音段区别特征矩阵与语音和谐发音机制……（137）
第一节　元音音段区别特征矩阵与元音和谐发音机制 ………（137）
第二节　辅音音段区别特征矩阵与辅音和谐发音机制 ………（140）

第六章　研究结论与展望 ……………………………………………（153）
第一节　研究结论 ………………………………………………（153）
第二节　研究创新点 ……………………………………………（160）
第三节　未来研究展望 …………………………………………（161）

参考文献 ………………………………………………………………（163）
附录1　哈萨克语词汇元音搭配模式汇总表 ………………………（170）
附录2　CV(C)结构中元音与辅音搭配数据统计表 ………………（178）
附录3　CV(C)结构中辅音与元音搭配数据统计表 ………………（181）
附录4　哈萨克语语音和谐词表部分示例 …………………………（186）
后记 ……………………………………………………………………（191）

第一章 绪论

第一节 研究背景

我国是一个统一的多民族国家。56个民族的发展历史共同构建了中华民族的发展历程，56个民族的语言文化共同成就了中华民族璀璨丰富的文化宝库。各族人民在我国"坚持民族平等团结，民族区域自治，发展少数民族地区经济文化事业，培养少数民族干部，发展少数民族科教文卫等事业，使用和发展少数民族语言文字，尊重少数民族风俗习惯，尊重和保护少数民族宗教信仰自由"八项基本民族政策的基础上，团结协作，和睦相处。

近年来，我国高度重视少数民族地区开发战略，注重少数民族地区教育事业发展和少数民族语言文化保护工作，并于2015年5月启动了中国语言资源保护工程。教育部、国家民委、国家语委组织专家根据我国少数民族语言的分布和差异情况，结合各地研究力量，研究制定了《中国语言资源保护工程少数民族语言调查点总体规划（2015—2019年）》，计划共完成420个少数民族语言调查点（含一般语言310种，濒危语言110种）的调查任务，见表1-1（教育部办公厅，2016）。其中2015—2016年完成170个调查点，2017—2019

年完成 250 个调查点。

表 1-1　中国语言资源保护工程少数民族语言调查点总体规划
(2015—2019 年)

语族（语种数）		规划调查点		2015 年		2016 年		2017—2019 年	
		一般	濒危	一般	濒危	一般	濒危	一般	濒危
汉藏	藏缅 (49)			17	10	12	13		
	侗台 (17)			15	2	19	3		
	苗瑶 (9)			3	1	7			
阿尔泰	突厥 (14)			7	4	6	1		
	蒙古 (7)			9	1	8	1		
	满通古斯 (5)			3	2	2	2		
南亚	孟高棉 (13)			1	1	3	3		
	回辉话 (1)						1		
南岛	台湾语群 (17)					1			
印欧	俄罗斯、塔吉克 (2)			3		1	1		
其他	朝鲜语 (1)			1		2			
混合语	(6)				1		2		
总计	310	110	59	22	61	28	190	60	

我国少数民族大多都有自己的语言文字。《中华人民共和国宪法》（第五届全国人民代表大会）第 4 条规定："各民族都有使用和发展自己语言文字的自由。"语言是人们交流思想的主要媒介，是文化保存与传承的主要载体，是民族的重要特征之一。

哈萨克族作为我国最西部的少数民族之一，是丝绸之路文化的重要传递员，一直以来为古丝绸之路的经济繁荣和发展做出了不可磨灭的贡献。哈萨克族主要由我国古代西部边疆操突厥语的各民族部落融合而成。哈萨克语属阿尔泰语系突厥语族克普恰克语组。哈萨克语形成与发展的历史，承载并凝练了哈萨克族的成长历程及其政治、经济、文化底蕴。在哈萨克族与其他各民族和国家开展交流的过程中，其语言文字也必然发生接触和相互影响，这一点通过哈萨克语中丰富的外来语借词可见一斑。

因此，对哈萨克语的研究是我国语言资源保护工程重要的一部分，也是研究哈萨克族历史变迁，重现哈萨克族与其他民族和国家政治、经济、文化交流的历史状况，从而复原丝绸之路在我国西北部繁荣面貌的重要途径。

第二节　哈萨克民族人口分布

哈萨克族原是中国的一个民族，自古以来居住在我国西部地区以及阿尔泰山、天山山脉、准噶尔盆地、七河流域、锡尔河流域和克普恰克广袤的草原上。哈萨克族是由居住在这一地区操突厥语的各氏族部落融合而成的。总的来说，哈萨克族是由赛种、匈奴、乌孙、康居、阿兰、克马克、克普恰克、都拉特、突骑施、葛逻禄、乌古斯、阿尔根、乃蛮、克烈、瓦克、孔拉特、加莱尔、阿里钦等氏族部落在漫长的历史演化过程中，遵循人种学和人类进化规律逐渐自然形成的（阿里木·朱玛什，2014）。

公元前 7 世纪开始，经历了民族部落联盟的建立与解体、民族迁徙、民族冲突等一系列发展历程，直到公元 15 世纪中期，哈萨克汗国建立。到 16 世纪 20 年代哈萨克汗国的领地，南面包括锡尔河流域，东南包括七河地区①，东北部包括巴尔喀什湖东部和南面地

---

① 七河地区（哈萨克语为 Zhetysu，俄语借译为 Semiryechye），指流向巴尔喀什湖的七条河流支，包括巴尔喀什湖以南、中亚河中以东，以伊塞克湖与楚河为中心的周边地区，大致包含了今天哈萨克斯坦阿拉木图州、江布尔州和吉尔吉斯斯坦以及新疆伊犁一带。七河分别是伊犁河、卡拉塔尔河、阿克苏河、列普森河、阿亚古兹河、楚河、塔拉斯河。参见百度百科："七河地区"，及 wikipedia："Zhetysu"。

区，西部包括玉雅尔河流域等地。至此，"哈萨克"民族共同体出现（郑成加，胡那皮亚等，1993）。1883—1884 年，清政府与沙俄签订了一系列不平等条约，强占了我国巴尔喀什湖以东以南的大片领土，按照条约中"人随地归"的原则，中国境内的哈萨克人划给中国，俄罗斯境内的哈萨克人划归俄罗斯管辖（阿里木·朱玛什，2014：11）。因此，19 世纪后期开始，哈萨克族成为一个跨境民族。

目前哈萨克族主要居住在中华人民共和国、哈萨克斯坦共和国、乌兹别克斯坦共和国、吉尔吉斯斯坦共和国、土库曼斯坦共和国、塔吉克斯坦共和国、俄罗斯等国。蒙古国、土耳其、印度、德国、阿富汗、巴基斯坦等国家也有部分哈萨克人散居。在我国，哈萨克族主要聚居在新疆维吾尔自治区天山北部，即伊利哈萨克自治州所属的伊犁地区、塔城地区、阿勒泰地区，昌吉回族自治州、博尔塔拉蒙古自治州和哈密地区辖属的县市，以及乌鲁木齐市、奎屯市、卡拉玛依市、石河子市等部分城市。除此之外，还是有少数定居在甘肃省的阿克塞哈萨克族自治县①（阿里木·朱玛什，2014；成燕燕，2000；王立增，2000；耿世民，李增祥，1985）。哈萨克族在我国主要分布参见图 1-1。

2015 年，新疆维吾尔自治区在成立 60 周年展览上公布了自治区最新的人口及民族结构。截至 2014 年，自治区总人口为 2322.54 万人，其中哈萨克族人口 159.87 万人，占新疆人口的 6.88%（中国伊

---

① 解放前，由于不堪忍受盛世才军阀压迫和少数部落头人的胁迫和欺骗，部分哈萨克族于 1936 年—1939 年从新疆的巴里坤、阿勒泰、哈密地区迁移到甘、青、新三省交界地带的河西走廊。部分迁入甘肃省，部分迁入青海省。迁往甘肃的哈萨克族于 1947—1949 年，陆续由新疆省人民政府组织遣返，安排在巴里坤、伊吾、木垒、奇台等地，约 2 万人。其中青海地区的哈萨克族大部分在 1984—2001 年，陆续由新疆维吾尔自治区人民政府统一安排迁回新疆，被安置在阿勒泰、昌吉回族自治州、乌鲁木齐和奎屯等地。参见郑成加、胡那皮亚等《新疆哈萨克族迁徙史》，新疆大学出版社 1993 年版。

第一章 绪论

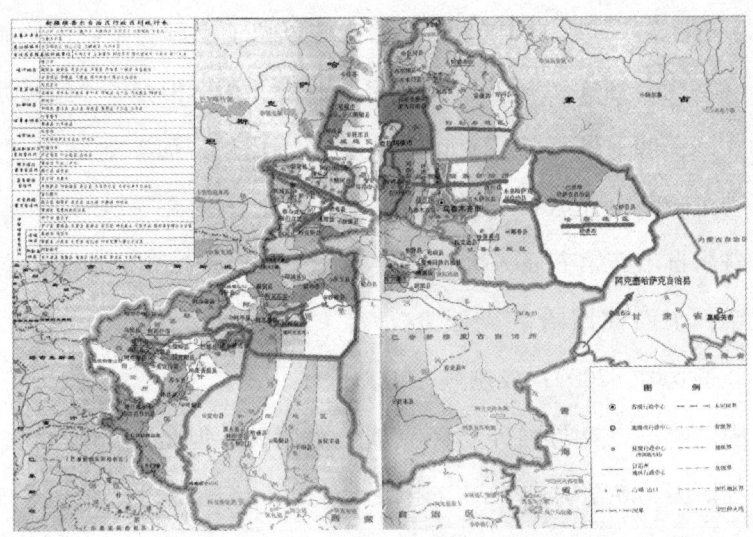

图 1-1 我国哈萨克族人口主要分布区域图

斯兰教协会网,2016)。2014年甘肃省阿克塞哈萨克族自治县共有哈萨克族3700多人,占全县总人口的41.3%(中国新闻网,2014)。

房若愚(2005)根据全国第五次人口普查(2010)数据统计证明现代中国的哈萨克族人口分布状况基本上继承了历史上哈萨克族人口分布的特征。但是,随着社会经济的发展,社会交往增多,哈萨克族人口分布的区域扩大,全国31个省、市、自治区都可以寻找到哈萨克族的足迹。

第三节 哈萨克语语言类型与方言分布

哈萨克族各氏族部落相互融合的历史过程中,语言文字也逐渐融合,最终形成今天的哈萨克语。哈萨克族曾使用过古代突厥文和后期粟特文,之后又使用过察合台文。20世纪初,政府和学者对察合台文进行了改革,形成了以阿拉伯字母为基础的现代哈萨克文

(称为"老文字")。自1965年开始推广以拉丁字母为基础的哈萨克文字(称为"新文字")。新老文字曾一度并用。但是,"经过几年来的实践证明,推行哈萨克语新文字尚不成熟,而新老文字并行,又不利于哈萨克民族科学、教育、文化事业的发展"。1982年经新疆维吾尔自治区第五届人大常委会第十七次会议决定,改变并行新老文字,全面使用哈萨克语老文字(耿世民,1989:3;李增祥,1992;王立增,2000;成燕燕,2000)。

中国哈萨克族与国外哈萨克族本为同源,但是由于各种政治、历史等原因,晚清时期,部分哈萨克族划入俄国境内,主要是现在的乌兹别克斯坦和哈萨克斯坦境内。目前中国哈萨克族使用以阿拉伯字母为基础的哈萨克文,哈萨克斯坦使用以西里尔文(斯拉夫文)为基础的哈萨克文。虽然所用的书写符号不同,但是两种文字的语音体系和语法体系基本相同。全世界哈萨克族人之间的交流不存在任何障碍,因此两种文字统称为现代哈萨克语。现代哈萨克语是全世界哈萨克族人共同使用的语言。

从发生学讲,哈萨克语属阿尔泰语系突厥语族克普恰克语组。从类型学讲,哈萨克语属于黏着语,具有黏着语的共同特点。词的构造和全部变化都靠在词干或根词的末尾附加一定的成分来实现,且每种附加成分都只表示一种具体的词汇或语法意义。与它相近的亲属语言有维吾尔语、柯尔克孜语、乌兹别克语、塔塔尔语、撒拉语、西裕固语。其中,最接近哈萨克语的是柯尔克孜语(耿世民,1989:3;李增祥,1992;王立增,2000;成燕燕,2000)。

哈萨克语中是否存在方言,曾经是国外专家学者十分关注的问题。从20世纪50年代开始,我国和哈萨克斯坦共和国都进行了广泛深入的调查,经过总结分析,认为哈萨克语中存在方言(王立增,

2000：2）。我国的语言调查证实哈萨克语内部的微小差别与地域分布有关，更与部落结构有关。这是因为有血缘关系的部落相对聚居。居住在伊犁哈萨克自治州的阿勒泰专区（今阿勒泰地区）、塔城专区（今塔城地区）、新源县和尼勒克县两直属县以及博尔塔拉蒙古自治县（今博尔塔拉蒙古自治州）、乌鲁木齐县（今乌鲁木齐市）、木垒哈萨克自治县、巴里坤哈萨克自治县和甘肃阿克塞哈萨克族自治县的哈萨克人主要属克烈、乃蛮及克宰依三个部落。居住在伊犁哈萨克自治州的特克斯县、察布查尔县、霍城县、伊宁县的哈萨克人属阿勒班、苏万两个主要部落。我国把前者划为东北方言，把后者划为西南方言。由于东北方言包括的地区较广，人口较多，在我国哈萨克文学语言的形成和发展过程中一直起主导作用，所以现代哈萨克语的书面标准语是以东北方言为基础（成燕燕，2000：5）。

第四节　哈萨克语与语音和谐研究现状

一　国内研究现状

我国是研究突厥文化和突厥语言最早的国家。在宋代，出生在新疆喀什噶尔的语言学家马赫穆德·喀什噶尔对23个操突厥语部落的分布状况及语言差异进行了实地调查和描写研究，于1074年写成了一部用阿拉伯语解释突厥语的巨著《突厥语词典》。其中描写了克普恰克语和乌古斯语在词头常用/dʒ/代替其他部落的/j/这一语音现象，而词头音为/dʒ/正是哈萨克语区别于其他语言的主要标志之一（黄忠祥，1999；李增祥，1984）。

12世纪阿勒·札马赫恰热依的《文学增补》、1145年问世的《突厥语阿拉伯语翻译词典》、1303年成书的《库曼语汇编》、1312

年阿布海亚尼编撰的《突厥语详解词典》、14世纪贾马尼丁·穆哈默德·阿布都拉撰写的《学习突厥语和柯普恰克语课本》、13世纪依本·木汗纳的《波斯语突厥语蒙古语词典》等都反映了当时突厥语的研究水平。

19世纪后半期，随着我国西北地区的珍贵文化宝藏被发掘，突厥语研究开始兴盛，并于20世纪初产生了一批论著，如董同和（1943）的《阿尔泰语系语言概论》等。

20世纪初也是现代哈萨克书面语的形成发展阶段。政府通过对阿拉伯字母进行改进，制定了阿拉伯字母式的哈萨克文字，并编写了规范哈萨克语的《哈萨克语语法》等一批教材。

从20世纪50年代开始，北京大学、中央民族学院、新疆语文学院等相继成立哈萨克语言文学专业，哈萨克语研究真正进入系统性研究。

1955年，中国科学院、中央民族学院和新疆有关部门的专业研究人员组成调查队对新疆境内哈萨克、维吾尔等语言的27个点的语言材料进行了调查，形成《新疆民族语言调查汇报》（李森主持撰写）。1956年，国家民委、中国科学院及各省、自治区大力合作，对全国少数民族语言开展大规模调查。其中耿世民带领的哈萨克语分队对新疆、甘肃等地的哈萨克语进行了普查。这次普查是对哈萨克语进行全面研究的里程碑，积累了丰富的一手材料。在此基础上，出版了《哈萨克语简志》（耿世民，李增祥，1985）。

50年代中期到60年代中期，哈萨克语研究的重点是文字改革、使用及规范化。围绕这些问题，专家学者们进行了一系列探讨。其中，针对哈萨克语中"ي（j）"和"و（w）"①在使用中存在的争议，

---

① 此处"j"和"w"分别为哈萨克字母"ي"和"و"的发音。为了研究方便，此处与下文中各处音标均省去音标符号，只标记为音素名称。

新疆省政府广泛征集各方面意见，于1954年7月28日第136次会议上通过了《正确使用哈萨克语正字法的若干条例》，对"ي（j）"和"ۋ（w）"的正确使用做了明确规定。

50年代后期，有关部门组织专家，创制了一套拉丁字母式的新哈萨克文字。1965年开始推广实行，并与老文字并用。但是，由于各种原因，1982年又重新全面使用老文字。

60年代中期至70年代中期，哈萨克语文研究工作停滞不前。

70年代末哈萨克语研究进入全面发展时期，研究重点从正字法、文字使用等方面转向了静态描写，比较语言学、社会语言学等方面的研究也逐渐展开。首先，一批工具书相继出版，如那依满等人（1979）合编的《汉哈词典》、金炳喆编（1980）的《哈汉词典》、达肯（1981）编的《汉哈简明词典》和《汉哈常用词典》、阿布拉什等（1982）合编的《哈萨克语词组和成语词典》、中央人民广播电台民族部哈语组（1982）编的《汉哈成语词典》、木哈什等（1982，1983）收集编译的《汉哈常用名词术语对照》（共四辑）、马坎（1984）编的《汉哈语言学词典》、自治区委（1985）编的《哈萨克语正字法词典》、那依满（1987）的《哈汉成语词典》、努尔别克（1989）主编的《哈汉辞典》等。

70年代后期，随着突厥语族诸语言研究的全面开展和深入，哈萨克语语音研究引起重视，研究成果主要反映在音位、音系、语音比较和对比研究上。李增祥（1983）的《论突厥族语言的元音系统》从突厥语的元音和谐、长元音的不稳定性及个别元音的一些特殊现象等5个方面对古突厥语诸语言语音进行了比较研究（黄中祥，1999）。格拉吉丁·欧斯曼（1985）的《论突厥语四种语言的元音》用共时研究方法逐一对比了哈萨克语、维吾尔语、塔塔尔语、土耳其语这四种语言的元音,认为圆唇元音的弱化是哈萨克语语音不同于其他三种语言的最大特点。史铸美(1986)的《试论近代哈萨克语的一些演变》对阿拜作品语言和现代哈萨克语书面语进行比较,分析了哈萨克语近百年的演变。李绍年(1985)的《世界语与维吾尔、哈萨克语对比概述》将世界语的语音与哈萨克语的语音进行了对比。范道远(1992)的《哈、汉元音音位对比》运用对比研究法,对哈萨克语与汉语的元音音位进行了对比分析。

20世纪80—90年代,语音声学参数数据库作为声学分析的成果在国际上兴起。随之,国内哈萨克语研究也进入全新的时代。2000年8月,国家课题《哈萨克语语音声学分析》课题组完成《哈萨克语语音声学参数数据库》,并发表了相关文章,如娜孜古丽·吐斯甫那比(2014)的《哈萨克语语音声学分析中r的几种表现形式》、《哈萨克语元音o、ø、y、u的和谐规律及声学分析特征》等。实验语音学作为一种科学直观的研究手段,为哈萨克语音位分析提供了数据支撑。郑桓(2009)《哈萨克语元音i音位的实验语音学分析》运用实验语音学分析了元音"i"的共振峰分布及其舌位,提出了哈萨克语中的元音"i"不是前高元音,而是半高、偏央的元音。中央民族大学硕士毕业论文《哈萨克语元音音位系统分析研究》(周妍,2014)运用实验语音学对哈萨克语元音系统进行了分析研究。

元音和谐是阿尔泰诸语言的典型特点。我国阿尔泰语言学家对元音和谐也多有涉及。研究成果主要是包括对某一具体语言元音和谐现象的研究,如《科尔沁土语元音和谐律的特点》(查干,1979)、《达斡尔语的元音和谐》(仲素纯,1980)、《柯尔克孜语中的元音和谐——兼论元音和谐不等于同化作用》(胡振华,1981)、《东乡语的元音和谐现状初探》(布和,1983)、《蒙古语正蓝旗土语元音和谐律研究》（宝玉柱，2010）、《维吾尔语元音和谐现象的音系学研究》（魏玉清，2012）、《鄂伦春语的元音和谐——兼论元音和谐不属于同化范畴》（李兵，1992）、《论满语元音和谐律》（刘景宪，1995）、《鄂温克语元音和谐律》（乌日格喜乐图，2014）、《突厥语词典》与《现代哈萨克语元音和谐比较研究》（陈晓云，1998）等。李兵（2013）的《阿尔泰语言元音和谐》综合研究阿尔泰语系各语族语言，运用生成音系学的非线性分析方法对阿尔泰语言元音和谐的形式和特点进行分析，在元音和谐类型学基础上，提出突厥语言的腭和谐是从原始语言的 RTR 型和谐（舌根后缩元音）演变而来。

二 国外研究现状

国外对突厥文化和突厥语言的记载与研究可以追溯到17世纪30年代。代表性学者有希耶罗尼姆斯·麦吉瑟、马吉约和莫宁斯基。他们对突厥语言的描写都是按照阿拉伯语法的模式。直到1921年法国著名突厥学家让·德尼的《土耳其语（奥斯曼方言）语法》，才是一部根据突厥语言的语法范畴本身所撰写的著作。

19世纪初，德国的著名学者朱力斯·克拉普洛特到俄国境内和与之毗邻地区收集资料。他几乎收集了这些地区的所有语言的资料，于1812—1814年出版了《到高加索和格鲁吉亚的一次旅行》的三卷本著作。他在题为《图瓦什语与突厥诸方言比较》一书中阐明图瓦什语为突厥语。

芬兰学者 M. A. 卡斯特林也曾在俄国的东北部和西伯利亚地区考察多年，收集了大量突厥语言的材料，第一个提出运用语言学的标准归属阿尔泰诸语言。

匈牙利突厥学家 H. 万贝里是首先开始注意察合台语的学者。他曾在中亚地区滞留多年，收集了许多察合台文手稿，后来根据这些资料、本人的感受以及突厥人的种族和历史背景，万贝里提出突厥人具有一个共同族源的观点。

1859 年 W. 拉德洛夫先后在阿尔泰地区、米努辛斯克地区，以及今哈萨克斯坦东部和柯尔克孜斯坦进行考察，于 1866 年、1868 年、1870 年连续发表著作《突厥族民间文学集译》的前三卷。此后，直至 1907 年，他经过实地考察，最终完成十卷，汇集了突厥语族诸语言的资料。

19 世纪下半叶，随着我国新疆和敦煌地区的珍贵文化遗产被发现，世界各国的"考察队"纷至沓来，对古突厥碑文的研究一度繁荣，主要代表有丹麦学者 V. 汤姆森 1894 年发表的《鄂尔浑叶尼塞碑文解读初步成果》、拉德洛夫同年发表的《蒙古的古代突厥碑文》第一、二部，及次年的第三部。1896 年汤姆森在芬兰－乌戈尔学会论丛 MSFOU 第五期上发表了两个巨碑《阙特勤碑》和《毗伽可汗碑》的汤式版本，详细介绍了突厥如尼文字母和拼写规则及其起源。

1936—1941 年土耳其的 H. N. 奥文坤以汤姆森的研究为蓝本，参考中国马赫穆德·喀什噶尔的《突厥语词典》连续发表了四卷本的《古代突厥文献》。

第一个对古代突厥语法进行描写的是拉德洛夫，他于 1897 年在圣彼得堡出版《古代突厥语简明语法》。1932 年芬兰学者 M. 拉赛农在芬兰－乌戈尔学会论丛第 45 卷发表题为《论突厥语元音和谐问题》的论文，在文章中提出突厥鄂尔浑语种的第三人称领属附加成分 $=i/-Si$ 的设想，并对此给予证实。1936 年，K. 格伦贝尔在哥本哈根发表《突厥语的结构》一文，对突厥语中大量的语法疑难问题做了详细解释。1939 年匈牙利学者 T. 纳默特在乔马丛刊（KCsA）

第一卷增刊发表《论突厥语中闭元音 e》。到 20 世纪中，K. 弗依的《突厥语元音研究》对突厥碑铭文献中首音节的 ä、e、i 做了区分。

19 世纪末 20 世纪初，由于我国新疆和敦煌地区出土的大量回鹘文献，世界突厥语研究的重点转移到回鹘文献研究。继古代突厥如尼文和回鹘文的解读研究，突厥语言学变成了一门崭新的涉及领域十分广阔的学科。突厥语作为一门课程在大学讲授。在德国研究突厥和伊斯兰关系的机构有六个，其中著名的代表人物是 W. 班格。匈牙利的突厥学家对突厥普通语言学和对比语言学都做出了突出的贡献，其中哈拉斯主要从事古克普恰克语研究。波兰的札亚齐科夫斯基在编写克普恰克语—阿拉伯语词汇汇编方面做出了贡献。捷克斯洛伐克的突厥学研究主要研究突厥民间文学，法国的学者让·德尼和伯希和为法国突厥学的创立和形成做出了贡献。英国著名的突厥学家 G. 克劳森著有《突厥语词源词典》等多部著作。在苏联，继拉德洛夫之后，涌现了大批年轻的突厥语学者，以 E. R. 捷尼舍夫为代表，他们主要围绕现代突厥语的语音学和语法学、突厥民族的比较语音学等课题不断深入（李增祥，1984）。

哈萨克斯坦共和国宣布独立之前，于 1989 年 9 月 28 日颁布的《哈萨克斯坦共和国语言法》和 1995 年 8 月 30 日通过的《哈萨克斯坦共共和国宪法》规定，哈萨克斯坦共和国的国语是哈萨克语。哈萨克斯坦科学院语言研究所 2002 年版《哈萨克语语法》是迄今对哈萨克语语音最详尽最全面的研究，内容涉及语音问题（语言的构成材料、元音、单纯与复合元音、辅音、清浊响辅音、语音的和谐）、语音组合问题（元音的组合、元音与辅音的组合、辅音的组合、重叠）、语流音变、语音和谐、音节、音步、重音、句调等，尤其是对音位相邻的可能情况做了相当详细的描写，并对句调做了初步的描写（张定京，2009）。

19世纪30年代，历史比较语言学家发现乌戈尔语系的芬兰语和阿尔泰语系的土耳其语都有腭元音和谐现象，并以此为依据认为乌戈尔语言和阿尔泰语言有发生学上的关系。虽然随后的研究证明这一结论是不正确的，但是元音和谐现象逐渐得到了普遍关注并作为音系学的一个方面加以研究。如对非洲阿坎语（Akan）元音和谐的研究（Clements，1976，1981），对美洲尤鲁巴语（Yoruba）元音和谐的研究（Archangeli，1984，1989；Archangeli & Puleyblank，1989），对楚科奇语（Chukchee）元音和谐的研究（Kenstowicz，1979）等。在对各种具体语言元音和谐研究和对比的基础上，学者们将元音和谐特征主要分为八种类型：腭和谐、舌根位置和谐、舌位高度和谐、圆唇和谐、鼻音和谐、咽化和谐、松紧和谐、卷舌和谐。

依据各种不同语言的元音和谐事实，关于元音和谐的本质主要有四种不同的学说：一是"元音同化说"，认为元音和谐是元音之间的同化现象；二是J. R. Firth（1948，1957）首先提出的"韵律特征说"；三是Lightner（1965）提出的"词根标记说"；四是清格尔泰（1983，1986）提出的"元音配置限制说"。

Ultan 1973年发表论文《关于元音和谐的一些思考》，从元音和谐的共时特点、元音和谐的历史发展、元音和谐的类型学特点三个方面对跨语言元音和谐理论进行了研究。但是，由于理论出发点和语言材料等方面的局限，论文中提出的某些观点不尽正确。

元音和谐一直是生成音系学的重要研究内容。

Vago（1980）主编论文集《元音和谐的问题》，其中收录的13篇论文以生成音系学线性表达理论框架，对元音和谐进行了阐述，涉及的语言包括阿尔泰语系语言、乌戈尔语言和非洲的一些语言。

H. V. Hulst 和 N. Smith（1988）主编的论文集《特征、音段结构与和谐过程》，运用生成音系学非线性理论为框架，根据不同语言的元音和谐现象，提出元音和谐是具有普遍意义的音系表达、音系机制、音系结构、音系原则在具体语言的体现（李兵，2013）。

Hulst 和 Weijer（1995）的论文《元音和谐》，依据生成音系学理论讨论了中性元音的分析方法、如何定义元音和谐域、元音和谐类型与音系机制、音段结构假设和辅音音段在元音和谐中的表现之间的关系。

Archangeli 和 Pulleyblank（2007）的论文《和谐现象》，研究了和谐特征、元音和谐基本模式、和谐过程相关音系成分以及对和谐过程中诱发音段和靶音段的限制等。

Gafos 和 Dye（2011）的论文《元音和谐：晦暗性和可透性》，从音系学角度分析了元音和谐中中性元音的特点（李兵，2013）。

综上所述，一方面国内外对阿尔泰语系语音和谐现象的研究主要集中在对元音和谐的研究，而哈萨克语语音和谐不仅包含元音和谐现象，同时包含辅音和谐现象。另一方面，国内外对各种语言包括哈萨克语的元音和谐律都有所研究，但是对语音和谐发音机制，即语音和谐搭配模式的内在语音学机制研究较少。因此，本书试图通过建设大型哈萨克语语料库，对哈萨克语的语音和谐现象进行全面分析，归纳语音和谐律，并运用声学分析，结合生成音系学区别特征理论综合分析哈萨克语语音和谐发音机制。

第五节　研究目的

本书主要目的是归纳哈萨克语词干内语音和谐模式，结合声学语音学和哈萨克语音位区别性特征理论，建立哈萨克语语音和谐的语音学依据，在此基础上提出哈萨克语语音和谐的发音机制。具体如下：

第一，完成哈萨克语音位配列统计；

第二，提取哈萨克语元音和谐模式（即元音与元音的搭配）；

第三，提取哈萨克语元音与辅音的和谐模式（即元音与辅音的搭配）；

第四，提取哈萨克语辅音与辅音的和谐模式（即辅音与辅音的搭配）；

第五，完成哈萨克语元音和辅音音段声学分析，构建音段区别特征矩阵；

第六，根据哈萨克语音位的音段结构特征提出哈萨克语元音和谐的发音机制。

第六节　研究意义

本书运用声学语音学研究方法提取哈萨克语各音段声学参数，结合生理和声学数据构建哈萨克语音段区别特征矩阵，以此为基础对哈萨克语语音和谐的发音机制进行分析。本书对哈萨克语研究的发展和以哈萨克语为代表的其他突厥语言的研究，具有一定的实践价值和理论意义。

第一，对哈萨克语音位配列的统计，将清晰地呈现哈萨克语的音节类型和数量分布、音位之间的组配，从而构建起哈萨克语音位的聚合和组合关系；哈萨克语语音和谐发音机制研究，构建语音和谐特征的音位规则，这些都丰富和完善了哈萨克语音系学研究成果。

第二，元音和谐特点是哈萨克语及其他突厥语言的典型特征，本书对哈萨克语元音和谐现象的研究，可以为其他突厥语言元音和谐特征研究提供方法论借鉴，为突厥语族诸语言和谐特征比较研究提供理论参考。

第三，对哈萨克语各音位音段特征的声学分析和描写，为进一步规范哈萨克语国际音标符号提供客观科学依据。

第四，哈萨克语元音和谐发音机制的研究结果可以为哈萨克语计算机语音识别提供建模参考，推动哈萨克语人机对话发展。

第二章 研究理论依据

基于目前国内外对突厥语和哈萨克语语音及元音和谐研究的成果，本研究提出以哈萨克语语音和谐为主要研究对象，以生成音系学区别性特征理论为理论基础和主要分析方法，通过统计学手段归纳语音现象和设计词表，借助现代语音实验设备采集哈萨克语元音和辅音音段声学信号，通过分析哈萨克语元音、辅音的声学特征，构建区别性特征矩阵，分析哈萨克语语音和谐的发音机制。

第一节 语音和谐的定义

语音和谐是语言的音系学特征，对语言的运用和语音表现形式有规定性和约束力，并作为语法范畴的一部分制约语言的发展和演变。目前，对各种语言语音和谐的研究主要集中在对元音和谐的研究。关于元音和谐的定义，尚无明确定论。李兵先生在其论著中提出："笼统地讲，在某一具有典型的（或理想的）元音和谐的语言里，根据元音和谐的语音特点，所有的元音分为两组，例如 A 组和 B 组；每组元音各为一个和谐集（harmonic set）；在特定范围内，所有的元音或者来自 A 组（和谐集 A），或者来自 B 组（和谐集 B）。……或者说，在有元音和谐的语言里，属于 A 组和属于 B 组的元音不能在同一词内同现（co-occurrence）"（李兵，2013：10）。在对各种具体语言元音和谐研究和对比的基础上，学者将元音和谐特征主要分为八种类型：腭和谐、舌根位置和谐、舌位高度和谐、圆唇和谐、鼻音和谐、咽化和谐、松紧和谐、卷舌和谐。

哈萨克语元音和谐特征为腭和谐。以发音时舌面隆起部位与硬腭中间部分距离最近的点为中位，发音时舌面隆起部位在中位以前的元音为前元音，发音时舌面隆起部位在中位以后的音为后元音。在腭元音和谐系统中，元音分为前元音和后元音两个和谐集，词内和词缀中元音的交替只能限于前元音或者后元音，前后元音之间不能相互交替。

据李兵先生的研究，"在腭和谐系统里，根据元音在词内出现和在词缀中的交替，元音分成前元音和后元音两组。……元音和谐可能导致不同部位的辅音产生交替"（李兵，2013：26—27）。这里元音和谐导致的辅音交替即为辅音和谐。

哈萨克语的辅音和谐包括辅音与辅音之间的和谐和辅音与元音之间的搭配。耿世民和李增祥先生在《哈萨克语简志》（1985：14）中提出了辅音和谐律："在哈萨克语本族语中，辅音 k、g 和 q、ʁ 是相互对立、排斥的两组，不能同时出现在同一个词中。"成燕燕在《现代哈萨克语词汇学研究》（2000：16）中则提出"元音和谐规律与辅音和谐有关。如辅音 k、g 只能与前元音结合；辅音 q、ʁ ~ ɣ[①]只能与后元音搭配。如 qəzəl（红）、kerek（需要）等"。

[①] 此处 ʁ ~ ɣ 即本书中所用的辅音 ʁ。

第二节 生成音系学区别特征理论

区别特征（distinctive feature）（又叫作"区别性特征"或"音系特征"），是用于描写音位之间对立性的最基础的语音单位，其概念可以追溯到20世纪30年代以W. Trubetzkoy为代表的捷克"布拉格学派"。"他们创立了音位对立的'偶分'（二元）概念，并把对立的性质分为若干类型"（鲍怀翘 & 林茂灿，2014：276）。R. Jabkobson，M. Halle（Jakobson & Halle，1956）和G. Fant（Jakobson，Fant & Halle，1952）根据当时言语生理分析和声学分析的进展程度，按照语音的物理特点选择和定义区别特征对立特性（黄正德 & 许德宝，2015：32），从而发展了区别特征理论，并具体提出了12项"最小对立体"，作为分析语音的标准。20世纪60年代，Noam Chomsky和Morris Halle在《英语语音模式》（The Sound Pattern of English）（1968）中提出以语音的发音机制为主定义区别特征。发音机制即包含发音部位和发音方法。生成音系学区别特征（又叫作"SPE区别特征"①）主要分为主类特征（如［±辅音性］和［±响音性］）、方式特征（由发音方法不同而产生的区别特征）、部位特征（由发音部位不同而产生的区别特征）和喉特征（马秋武，2015：34）。

目前对区别性特征的定义主要有两种，一种是雅克布逊、哈勒和方特（Jakobson，Halle & Font）最早提出的以语音的物理性特征为主的定义，另一种是乔姆斯基和哈勒提出的以音段的发音部位、

---

① 《英语语音模式》（有些译作《英语音系》）（The Sound Pattern of English，N. Chomsky & M. Halle，1968）是经典生成音系学的代表作。The Sound Pattern of English简称SPE，因此经典生成音系学又被称为SPE音系学。区别特征理论是SPE音系学提出的重要的理论，并一直是生成音系学理论和分析模式发展的基础。

发音方式等生理特征为主的定义。

从布拉格学派创始人之一特鲁别兹柯依（Trubetzkoy）的区别性对立理论到雅克布逊（Jakobson）等人提出的区别特征系统，到乔姆斯基和哈勒（Chomsky & Halle）的区别特征系统，再到 Peter Ladefoged 提出的区别特征系统（鲍怀翘 & 林茂灿，2014：276—287），区别性特征经历了不同的定义和解释，但是基于二元对立的区别性特征这一理论却是始终不变。现今，区别特征是生成音系学在分析音韵现象时广泛使用的理论和分析手段。

第三节　语音生理分析与声学分析

声学语音学是语音学的一个分支。声学语音学通过采集语音信号，对语音信号频谱进行分析，从而获取语音声学特性。随着现代科学技术的发展，音系学与语音学的结合成为一种必然。语音分析从音系学角度出发，通过实验语音学得到验证，然后回归音系学系统。这是一个定性研究与定量研究的结合。"音系学应该是基于语音实验的音系研究，语音学应该是对于音系分析的量化描写"（石锋，2008：18）。区别特征理论便是音系学与语音学相结合的成果之一。例如，以 N. Chomsky 和 M. Halle 为代表的生成音系学的区别特征理论，以发音机制即语音生理特征为基础。语音生理分析与声学分析两者相辅相成。

从生理上讲，元音的音色主要是由舌头隆起的最高点在口腔中所处的位置（简称"舌位"）和嘴唇的圆展决定的。发元音时，舌位的活动范围形成了一个以元音 i、u、a 和 ɑ 为极点的不等边的四边形，如图 2-1。在这个四边形的极限范围之内，舌位可以任意变动，配合不同的唇形，发出各种不同音色的元音。

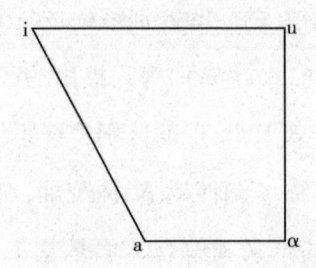

图 2-1 舌位活动的极限（林焘 & 王理嘉，2015：39）

语音学一般把舌头活动的纵向位置分为"高、半高、半低、低"四个高度，结合舌位的"前、后"两个横向尺度，共形成八个点作为描写元音舌位的标准，如图 2-2 中的 i、u、e、o、ɛ、ɔ、a、ɑ 分别为前高、后高、前半高、后半高、前半低、后半低、前低和后低元音。这八个元音也被定义为国际标准元音。同时，嘴唇的圆展程度与舌位的高低关系密切，通常舌位越高圆唇程度越高，随着舌位的降低，嘴唇的形状逐渐趋向展唇。

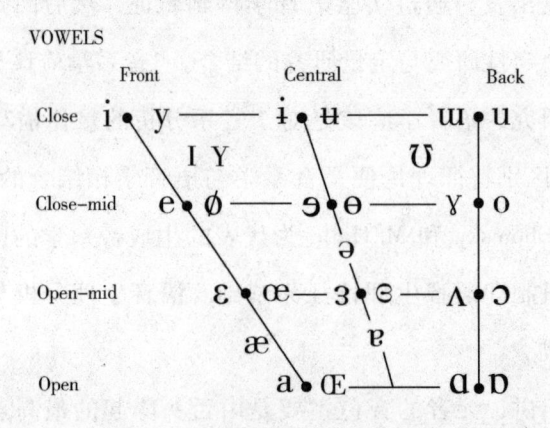

图 2-2 国际标准元音舌位图（国际语音协会 2005 年制定）

辅音的音色主要是由发音方法和发音部位所决定的。按发音方法分类，辅音可以分为塞音、塞擦音、擦音、鼻音、边音、颤音、半元音等。按发音部位分类，辅音可以分为舌尖前音、唇齿音、齿音、舌叶音、舌根音、小舌音等。

发音部位和发音方法合力生成的音段，必须表现为语音现象。而语音现象可以运用不同的手段，从不同的角度进行分析，以探求音段的生理机制，或者在生理机制的基础上发展语音与其他学科的关系。因此，除生理语音学外，又有声学语音学、感知语音学、心理语音学等各种分支。声学语音学通过研究声音信号所呈现的声学语谱图，分析音段的各项特征，包括发音部位和发音方法等发音机制。

从声学上讲，元音的音色是由声腔的共振峰频率决定的。研究表明，元音声学参数共振峰 $F1$ 和 $F2$ 对舌位、唇形的变化特别敏感（鲍怀翘 & 林茂灿，2014：102），$F1$ 和 $F2$ 的值可以反映舌位的高低前后和唇形的圆展，即发元音时的主要生理特征。因此，参考 $F1$、$F2$ 的数据可以研究哈萨克语元音音段区别特征，建立哈萨克语元音音段结构特征矩阵。

辅音的声学特征基本能够反映生理的发音部位和方音方法。发音方法可以通过语图模式（横杠、冲直条、乱纹，或者是三种特征的组合）来说明，发音部位可以通过噪音频谱中的强频集中区和嗓音的共振峰频率分布来分析说明（鲍怀翘 & 林茂灿，2014：147）。

第四节　哈萨克语语音和谐、生成音系学区别
　　　　　特征理论和声学语音学之关系

区别特征理论以二元对立为基础，主要从音段的生理特征，如

发音方法和发音部位等方面寻找音段对立。声学语音学的研究对象为音段所表现的语音信号，主要从音段在声学语谱图上所呈现的特征来分析其发音机制。二者所研究的角度不同，但是研究对象既然都是语音，必然有着内在的联系。本书试图结合两种研究方法对哈萨克语语音和谐发音机制进行探索。基于哈萨克语语音和谐、生成音系学区别特征理论和声学语音学之间的关系（图2-3），两种研究方法相辅相成。

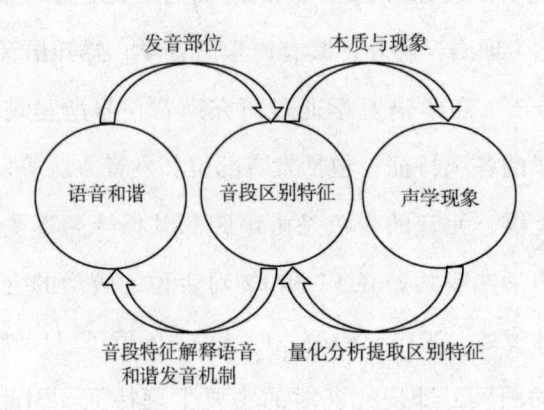

图2-3　哈萨克语语音和谐与生成音系学区别特征
理论和声学语音学之关系模拟图

哈萨克语的腭元音和谐是基于元音发音时舌位前后对立的和谐，元音和谐导致的辅音交替也必然与各辅音音段的发音部位有关。但是，与元音不同，辅音的音段特征不仅包含发音部位的区别，还有发音方法的不同。发音部位和发音方法作为生理特征都是辅音音段对立的区别特征，都可能影响辅音与元音搭配特征。建立区别特征矩阵可以综合考量各方面的区别特征，有效分析哈萨克语语音和谐的发音机制。哈萨克语语音和谐这一音系学现象的发音机制，可以通过音位的区别性对立特征得到充分具体的体现。

如图2-3所示，音段区别特征是各音段在发音方法和发音部位方面的底层机制,在语音层面上,必然会通过一定的介质表现出来,而声学现象就是其中的一种表现。因此音段区别特征和声学现象之间是本质与现象的关系。声学研究通过分析语音信号的语谱图,提取声学参数,可以反过来推断出音段的发音部位、发音方法等特征。同时,通过声学分析获取的声学特征可以直接作为特征项列入区别特征矩阵,与生理特征相结合分析语音和谐的发音机制。

  因此,哈萨克语语音和谐是音段特征的和谐,声学现象是音段区别特征的表层现象,三者之间有着内在的必然联系。运用声学分析提取哈萨克语各音段声学参数,并分析各音段的声学特征,结合发音方法和发音部位方面的生理特征,构建哈萨克语元音和辅音音段区别特征矩阵,可以有效解决哈萨克语语音和谐现象的发音机制问题。

第三章 哈萨克语语音和谐搭配模式

哈萨克语的语音和谐主要可以分为元音和谐与辅音和谐两大类。其中元音和谐主要指的是音节间元音与元音的和谐一致性，辅音和谐包括元音和辅音的和谐与辅音和辅音的和谐。本章以《哈萨克语语料库——汉哈—哈汉电子词典—词尾表》（李婧，2015）[①] 为基础对哈萨克语词干内语音和谐模式进行全面统计分析。

第一节 《哈萨克语本族语词汇语料库》建设

《哈萨克语语料库——汉哈—哈汉电子词典—词尾表》（以下简称《哈萨克语语料库》）由中央民族大学哈萨克语语言文学专业硕士研究生李婧女士于 2015 年上传至网络共享。原始语料库包括 kazakh-dict.xlsx、suffixs.xlsx 和标注语料库.txt 三个文件。其中 kazakh-

---

[①] 在学习与研究哈萨克语初期，笔者有幸从 CNKI 论文数据资源库中获得李婧的硕士毕业论文《现代哈萨克语自动形态分析及语料库建设》，及其上传至网络的免费共享资源《哈萨克语语料库——汉哈—哈汉电子词典—词尾表》，后辗转通过张定京教授联系到李婧女士，并向其请教了许多哈萨克语方面的问题。在此，笔者向张定京教授及李婧女士表示衷心的感谢，并为李婧女士在哈萨克语研究方面做出的无私奉献向其致敬。

dict. xlsx 文件包含 words、phrases、places、place-simple、tax 和 minorities 共 6 个工作表。本研究主要采用了 words 工作表的内容。工作表的内容主要由序号、哈萨克语词汇、词性和汉语释义四个条目的内容组成，参见表 3-1 示例。

表 3-1 《哈萨克语语料库——汉哈—哈汉电子词典—词尾表》
kazakh-dict. xlsx 文件 words 工作表的内容示例

序号	哈语词	词性	汉译
1	ا ا		(1) 哈萨克西里尔文（阿拉伯文）字母表中的第一个字母 (2) 哈萨克字母中表示后元音 (3) 表示"第一的"符号
2	ا ا	exclam.	〈感〉（1）（表示赞叹、惊异）阿、ا سىياكوردەكەن شانەتا اما تر ！啊，风景多么优美的地方啊！（2）（表示奇怪，诧异）啊 ا ،سولاىما ؟اكەمەن ؟啊，是那样吗？（3）（表示追问、反问、要求再说）啊 ا،نە ؟سىلەردە ؟啊，你说什么？（4）（表示提醒、嘱咐）啊 ا،جولدا اباى.！路上小心，啊！（5）（表示不在乎、不满意）啊 ا،مۇنداسى نەتى ؟ ۆوردا ا啊，这有什么。（6）（表示责备、呵斥）啊 ا،سەن نەگە سۆزسۆزگە ؟سىلىك啊，你为什么不听话呀？（7）（表示醒悟）啊 ا،مەندەھ نەسە ۆو تۇ .啊，我这才明白了。（8）（驱赶牛时的吆喝声）吽 ▲ ا،يىنى ۋەبلە ٢ 维生素 A ▲ ا،نەسگەۆە ا ▲ —开口，一开始 ▲ ا،شەشۆەنە م一瞬间，一刹那；说时迟，那时快 ا،سە دە ماءۋ ە. (1) 寸步不让 (2) 机灵，灵明 ▲ ا،ادى ۆو ا 求真主保佑
3	ابا I	noun.	〈名〉（圈牲畜的）围栏 اداعى ا مالدى ا ردكدار عاشە. (你们) 把围栏里的牲畜放出来
4	ابا II	noun.	〈名〉披风、斗篷
5	ابا III	echo.	引起狗叫，使狗狂吠 قىلو ابا
6	ابادان	noun.	〈名〉[阿][古] 结实，健壮；力大如牛，大力士
7	اباجا	noun.	〈名〉大木箱、大箱子
8	اباجاداي	adj.	〈形〉（1）笨重的，大而粗笨的，不灵便的 ناماجاداى ابا ىى سەدەزار. تەسىپ ن تەمەاكە؟这么笨重的东西我怎么带走？（2）宽大的，宽敞的，巨大的 ق ردە ق جاماۋى اباجاداى قارا ۆيە.补丁加补丁的破旧的大毡房
9	اباجۇر	noun.	〈名〉灯罩，灯伞 سەل جا اباجۇر 绿色灯罩 ترى ەلكە نىڭ پاس لام اباجۇرى 电灯罩
10	اباجۇرلى	adj.	〈形〉带灯罩的，有灯伞的，有灯罩子的 اباجۇرلى تر اباجۇرلى ەدلە شام带灯罩的电灯

Words 工作表的内容即《哈汉辞典》(努尔别克·阿布肯, 2014)的电子版, 共计词条 49613 条。为保证数据库项目的准确性, 在使用本工作表内容之前, 本研究首先参照《哈汉辞典》印刷本对语料库内容进行了校对, 并删除了末尾部分的地名, 最后剩余词条 49012 条。

由于我国哈萨克语形成发展历史较为复杂, 在哈萨克语中有较大量的外来语借词①。现有文献研究成果有些认为哈萨克语的外来词主要有阿拉伯语、波斯语、俄语三大来源, 而实际上哈萨克语借词除上述三大来源外, 还有大量来自印欧语的借词, 虽然一些哈萨克语专家们认为它们是通过俄语进入哈萨克语, 因此把它们认为是俄语借词, 但是也有一些专家认为有些借词是从印欧语系某些语言直接进入哈萨克语。例如, 杨凌 (2002: 34—35) 在《现代哈萨克语结构研究》中便提到哈萨克语词汇组成包含拉丁语借词、德语借词、法语借词、英语借词等。本研究通过将哈萨克语与英语的语音和语义进行对比, 并借助《哈萨克语文学语言词典》(Казак әдеби тілінің сөздігі) (Т. Жанұзак et al., 2011) 中的词源标注进行核实, 确立了一批哈萨克语与英语声近义通词汇。这些词汇的发音并不遵循哈萨克语本族语词汇的发音规则, 而是更接近源词发音, 因此被认定为不同于俄语借词的印欧语借词。

---

① 《哈萨克族传统文化词典》收录了现代哈萨克语传统词汇 8827 个, 其中外来词 904 个 (占词汇总量的 10.24%)。包括阿拉伯语借词 576 个, 占外来词总数的 63.72%; 波斯语借词 288 个, 占 31.86%; 波斯—阿拉伯语借词 22 个, 2.43%; 阿拉伯语—波斯语借词 3 个, 占 0.03%; 俄语借词 12 个, 占 1.33%; 蒙古语借词 2 个, 占 0.22%; 汉语借词 1 个, 占 0.11%。2005 年版的《哈汉词典》共收录外来词 797 个, 其中阿拉伯语借词 496 个, 占 62.23%; 波斯语借词 236 个, 占 29.61%; 俄语借词 39 个, 占 4.89%; 波斯语和阿拉伯语合璧借词 20 个, 占 2.5%; 汉语借词 4 个, 占 0.5%; 蒙古语借词 2 个, 占 0.25%。可见哈萨克语中外来词的数量相当多。[参见蒋宏军《如何区分哈萨克语中的外来词》,《伊犁师范学院学报》(社会科学版) 2011 年第 2 期。]

结合《哈汉辞典》对外来语的标注，如［阿］为阿拉伯语借词，［波］为波斯语语借词，［俄］为俄语借词，［汉］为汉语借词等，本研究在《哈萨克语语料库》中增加"是否外来语"字段，并将所有词汇进行标注：本族语词汇标注为"0"，阿拉伯语借词及其派生词标注为"1"，波斯语借词及其派生词标注为"2"，俄语借词及其派生词标注为"3"，印欧语借词及其派生词标注为"4"，汉语借词及其派生词标注为"5"，蒙古语借词及其派生词标注为"6"等，并以此字段为索引，对《哈萨克语语料库》进行数据筛选。由于本研究的对象是哈萨克语本族语词汇，虽然阿拉伯语借词和波斯语借词早就融入哈萨克语中，并且被广泛使用，但是为了确保实验结果的有效性和准确性，研究运用 Excel 的筛选功能只选择标注为"0"的本族语词汇，排除其他外来语词汇，所得词汇共计 43581 个，以此构建了《哈萨克语本族语词汇语料库》。

第二节 哈萨克语词国际音变转写

结合哈萨克语语音系统、哈萨克语音位与国际音对照表以及哈萨克语文字规则，研究运用 Matlab 平台编写程序，对《哈萨克语本族语词汇语料库》内容进行处理，将哈萨克语文本批量转换为国际音标，以便于后期的研究。

一 哈萨克语语音系统

哈萨克族发源于中国，然而由于历史原因，当前已然成为一个跨境民族。目前哈萨克斯坦及其他国家的哈萨克族使用以西里尔文（斯拉夫文）为基础的哈萨克文，中国境内哈萨克族使用以阿拉伯字母为基础的哈萨克文。虽然所用的书写符号不同,但是两种文字的语音体系和语法体系基本相同。

中国境内哈萨克语音位系统共有 33 个音构成,其中元音 9 个,包括前元音 5 个,后元音 4 个;辅音 24 个,详见表 3-2 哈萨克语元音和表 3-3 哈萨克语辅音。

表 3-2　　哈萨克语元音（耿世民 & 李增祥,1985：3）

唇形 舌位前后	展唇		圆唇	
	宽元音①	窄元音	宽元音	窄元音
后元音	ا	ى	و	ۇ
前元音	ٵ ە	ٸ	ٶ	ٷ

表 3-3　　哈萨克语辅音（耿世民 & 李增祥,1985：4）

发音方法 \ 发音部位		双唇	唇齿	舌尖前	舌尖中	舌叶	舌面中	舌根	小舌	喉门
塞音	清	پ			ت			ك	ق	
	浊	ب			د			گ		
塞擦音	清					چ				
	浊					ج				
擦音	清		ف	س		ش		ح		ھ
	浊		ۆ	ز					ع	
鼻音	浊	م			ن			ڭ		
边音	浊				ل					
颤音					ر					
半元音		ۋ					ي			

---

① 表中笔者按照元音发音时口的开合程度将元音分为宽元音和窄元音。发音时下颌开度大的为宽元音,反之为窄元音。由于元音发音时舌位的高度与下颌开口度基本成正比,因此宽元音即低元音,窄元音即高元音。但是一方面,笔者对宽窄元音的分类是局限在圆唇元音或展唇元音范围内的相对对立;另一方面,为了避免后续研究中表述混乱,本章将继续沿用表中"宽元音"和"窄元音"这两个术语。

二 哈萨克语音位与国际音标对照表

参照耿世民和李增祥（1985）的《哈萨克语简志》和张定京（2004）的《现代哈萨克语实用语法》，本研究建立了哈萨克语字母与国际音标对照表，见表3-4。

表3-4　　　　　　　哈萨克语字母与国际音标对照表

哈萨克字母	国际音标		哈萨克字母	国际音标	
	宽式	严式		宽式	严式
ە	e	e	ھ	h	h
ٵ	æ	æ	ب	b	b
ٶ	ø	ø	د	d	d
ٷ	y	y	گ	g	g
ٸ	i	ɨ	ق	q	qʰ
ا	a	a	ج	ʤ	ʤ
و	o	o	ۆ	v	v
ۇ	u	u	ز	z	z
ى	ə	ɣ	ع	ʁ	ʁ
پ	p	pʰ	م	m	m
ت	t	tʰ	ن	n	n
ك	k	kʰ	ل	l	l
چ	ʧ	ʧʰ	ڭ	ŋ	ŋ
ف	f	f	ر	r	r
س	s	s	ي	j	j
ش	ʃ	ʃ	ۋ	w	w
ح	x	x			

哈萨克语音位系统的国际音标对照分为宽式和严式两种。严式音标与宽式音标中最主要的区别，一是对元音ٸ和ى的音标对照，宽式音标中，这两个音位的国际音标对照分别是：i和ə，严式音标中则分别是ɨ和ɣ；二是严式音标明确体现了哈萨克语中的送气音，پ - pʰ，

ت – tʰ等。由于哈萨克语辅音送气与不送气不产生对立区分，因此为了提高程序的适用性和普及性，本研究采用宽式音标对哈萨克文进行转写。

三　哈萨克语文字规则

中国境内哈萨克语文字使用过古突厥语文字、粟特语文字，后又采用阿拉伯文字。20世纪初是现代哈萨克语书面语的形成发展阶段。通过对阿拉伯字母进行改进，我国政府制定了阿拉伯字母式的哈萨克文字。哈萨克文字是拼音文字，总体而言字母与发音一一对应，但是"ي（j）"和"و（w）"在使用中存在很大争议。因此，围绕这一问题，新疆省政府专门于1954年7月28日第136次会议上通过了《正确使用哈萨克语正字法的若干条例》，其中对"ي（j）"和"و（w）"的正确使用做了明确规定。

根据耿世民和李增祥编著的《哈萨克语简志》（1985：199—202）以及此后的许多参考文献，研究将哈萨克语文字使用规则总结如下[①]：

1. 四个元音字母 [ɑ]、[ə]、[o]、[u] 和软音符号"．"表示前后相对应的八个元音。当这四个字母的右上角不加软音符号"．"时，分别表示四个后元音；右上角加软音符号"．"时，分别表示四个前元音。如：

ال [ɑl] 然而　　　　　اَل [æl] 力量

سان [sɑn] 数目　　　سَان [sæn] 盛装打扮

[①] 本研究对哈萨克语的国际音标转写和实验研究均采用宽式音标，耿世民和李增祥先生在《哈萨克语简志》中使用的均为严式音标。因此在以下的例词中，元音ى均标记为国际音标 [i]，而不是 [ɨ]。

ىس [əs] 煤烟　　ءىس [is] 事情

وت [ot] 火　　ءوت [øt] 胆

ۇن [un] 面粉　　ءۇن [yn] 声音

2. 由于元音 e 和辅音 g、k 只出现在前元音的词中，所以词中出现。[e]、گ [g]、ك [k] 三个字母时，词中的 [ɑ]、ٵ [ə]、و [o]、ۇ [u] 均按前元音 [æ]、[ɨ]、[ø]、[y] 拼读，而省略软音符号。如：

ەلشى [elʃɨ] 使者，使臣　　ەسىمدىك [esɨmdɨk] 代词

گورى [gørɨ] 与……相比　　كارى [kærɨ] 老的，年长的

گۇل [gyl] 花　　كۈلگىش [kylgɨʃ] 爱笑的

كىم [kɨm] 谁　　كوز [køz] 眼睛

3. 由于哈萨克语存在严格的元音和谐规律，所以在文字的词首右上角标有软音符号，在本族语词中，即表明该词各音节中的元音均为前元音。如：

ٵدىسشىل [ædɨsʃɨl] 会使用手段的　　ٶلتىر [øltɨr] 杀

ءىسسىز [issɨz] 没事情的　　ٷمىتتى [ymɨttɨ] 抱有希望的

4. ۋ、ي 两个字母位于元音字母的前面、后面和中间时，表示辅音 [w] 和 [j]。如：

ۋاقىت [waqət] 时间　　موين [mojən] 脖子

تاۋ [taw] 山　　سايتان [sajtan] 鬼

اۋا [awa] 空气　　تاي [taj] 二岁马

اۋىز [awəz] 嘴

5. ۋ、ي 位于辅音字母后面时，表示音组 uw、yw、əj、ɨj。如：

بۋ [buw] 蒸汽　　سۋرەت [suwret] 画

جىينالىس [dʒəjnaləs] 会议　　سيرەك [səjrek] 稀少的

تىيم ［tejəm］ 禁令　　　　بىيە ［bəje］ 母马

6. ۋ、ي 表示音组 yw、ɨj 时，右上角应加软音符号，如：

ۇ' ［tyw］ 啊　　　　يت' ［ɨjt］ 狗

بيت' ［bɨjt］ 虱子

7. 表示圆唇元音的字母 و、ۇ、ۋ、ۆ 除借词和合成词外，只书写在词的第一音节中。如：

ورىن ［orən］ 地方　　（不是 ورۇن ［orun］）

وتكىر ［øtkɨr］ 尖锐的　（不是 وتكۇر ［øtkyr］）

ۇزىن ［uzən］ 长的　　（不是 ۇزۇن ［uzun］）

ۇگىت ［ygɨt］ 宣传　　（不是 ۇگۇت ［ygyt］）

مازمۇن ［mɑzmun］ 内容

كومسومول ［komsomol］ 共青团员　　ەڭبەككۇن ［eŋbekkyn］ 劳动日

بۇلبۇل ［bulbul］ 百灵鸟　　كەشقۇرەم ［keʃqurəm］ 傍晚

كوممۇنىيزم ［kommunɨjzɨm］ 共产主义　　بۇرسىكۇنى ［byrsɨkynɨ］ 后天

8. 字母 ۆ、چ、ف 只用来拼写借词中的 v、tʃ、f。如：

ۆاگون ［vɑgon］ 车厢　　زاۆود ［zɑvod］ 工厂

چىڭخاي ［tʃɨŋxɑj］ 青海　　فۋتبول ［futbol］ 足球

四　国际音标转写程序设计方案

第一步，词条类别划分。

由于哈萨克语有较为复杂的文字规则，尤其是"ۋ（j）"和"ي（w）"两个音在实际发音中存在变音规则。为了便于程序的编写和运用以及对运行结果的检测，我们按照词条中是否包含这两个音为标准，首先对所有词条进行类别划分，共分为 4 个类别：第一类，既不含 j 也不含 w 的词条，第二类，含 j 但不含 w 的词条，第三类，含 w 但不含 j 的词条，第四类，既含 j 又含 w 的词条。

第二步，哈萨克语词汇属性。

程序设计主要针对《哈萨克语本族语语料库》。词库中的所有词条均来自努尔别克·阿布肯的《哈汉辞典》，且附加词典中的所有标注，如同音词分立词条，在本词后标注罗马数字Ⅰ、Ⅱ、Ⅲ……（例如：ابدرا Ⅰ〈名〉大木箱，铁皮木箱），复合词中的连字符或空格（例如：ابىر-دابىر〈副〉杂乱无章、嘈杂；ادام اتا〈名〉〔宗〕亚当，人类始祖），动词的词根形式标注"-"（例如：ابايلا -〈动〉小心，留神）等。这些都为国际音标转写造成了一定的困难。鉴于以上问题，首先必须对哈萨克语词汇的属性模块进行定义和分离，见表3-5示例。

表 3-5　　哈萨克语词汇属性模块定义与分离样本示例

WN	KAZAK	属性1	属性2	前词	后词	词数
N20700	كۇره			كۇره		1
N21467	قادىس			قادىس		1
N19905	(كورلى)#Ⅰ	#Ⅰ	#	كورىك	كورلى	2
N47373	شى/ءشى		/	شى	ءشى	2
N02005	القا - #Ⅳ	#Ⅳ	—	القا		1
N02403	اڭعار - #Ⅳ	#Ⅳ	—	اڭعار		1
N05469	باق - #Ⅳ	#Ⅳ	—	باق		1
N05583	باقىر - #Ⅳ	#Ⅳ	—	باقىر		1
N08590	بؤت - #Ⅳ	#Ⅳ	—	بؤت		1
N08673	بؤك - #Ⅳ	#Ⅳ	—	بؤك		1
N12306	ەس - #Ⅳ	#Ⅳ	—	ەس		1
N12307	ەس - #Ⅴ	#Ⅴ	—	ەس		1
N01283	اق - #Ⅵ	#Ⅵ	—	اق		1
N13084	جاق - #Ⅵ	#Ⅵ	—	جاق		1
N46118	شەك - #Ⅵ	#Ⅵ	—	شەك		1
N46119	شەك - #Ⅶ	#Ⅶ	—	شەك		1
N46120	شەك - #Ⅷ	#Ⅷ	—	شەك		1

针对上述各种附加标注，罗马数字及其后空格被定义为"# + 相应罗马数字"，并分离为"属性1"；复合词中的空格被定义为"#"，连字符不变，并分离为"属性2"。随后，对复合词进行前词和后词的分离，并标注词数。复合词分离为前词和后词，词数标注2；单纯词列入前词列中，词数标注1。

第三步，哈萨克语音位记音国际音标转写。

在词汇属性模块分离的基础上，结合哈萨克语音位与国际音标对照表，程序设计首先对音位，即哈萨克语单词中的字母音，进行国际音标转写。在不考虑哈萨克语音变规则的前提下，哈萨克语词中的一个字母代表一个音位，如表3-6示例。对这些字母的统计分析对哈萨克语词汇构词研究具有重要意义，而且音位国际音标转写也是后期音素转写与音变规则实施的必备条件。

表3-6　　　　　哈萨克语音位记音国际音标转写样本示例

WN	KAZAK	属性1	属性2	前词	后词	词数	前词属性	前词音位 IPA	后词属性	后词音位 IPA
N20700	كۇره			كۇره		1		kure		
N21467	قادس			قادس		1		qadəs		
N19905	(كورلى) #I كورىك#	#I	#	كورىك	كورلى	2		korək		korlə
N47373	شى/ءشى		/	شى	ءشى	2		ʃə	*	*ʃi
N02005	القا #IV	#IV	—	القا		1		alqa		
N02403	اڭعار #IV	#IV	—	اڭعار		1		aŋʁar		
N05469	باق #IV	#IV	—	باق		1		baq		
N05583	باقىر #IV	#IV	—	باقىر		1		baqər		
N08590	بۇت #IV	#IV	—	بۇت		1		but		
N08673	بۇك #IV	#IV	—	بۇك		1		buk		
N04551	الءمه-ءال			الءمه	ءال	2		alme	*	*æl

标注前元音的哈萨克语软音符号"·"位于整个单词的前面时，

表明单词中的所有元音均为前元音，但是在实际文字书写中单词里的所有元音符号均为后元音符号。因此，在转写之前首先要对软音符号进行属性定义和分离，而后按照属性定义进行音标对应转写，（见表3-6示例）。程序设计将软音符号定义为"*"。因为在复合词中，软音符号对前词和后词的限定是相互独立的，即软音符号在前词前面的时候，前词中的元音是前元音，后词中的元音不受影响，反之亦然。因此，程序分别设立了前词属性和后词属性。然后对前词和后词分别进行音位 IPA 转写，见表3-6中的"前词音位 IPA"和"后词音位 IPA"。

第四步，哈萨克语音素记音国际音标转写。

在音位记音转写的基础上，程序设计结合哈萨克语文字规则进行音素记音转写。在文字拼读中，涉及变音的主要有两个方面：一是元音 e 和辅音 g、k 在词汇中出现时所有元音变为前元音；二是 w 和 j 变音组的规则（具体见上文第二节三哈萨克语文字规则）。

首先，程序设计根据文字规则对4个类别（第一类，既不含 j 也不含 w 的词条，第二类，含 j 但不含 w 的词条，第三类，含 w 但不含 j 的词条，第四类，既含 j 又含 w 的词条）所有词条进行了元音 e 和辅音 g、k 的查找，并完成词条中后元音转换为前元音的音标转写，见表3-7示例中"前词 egk 影响音变"和"后词 ekg 影响音变"。

表3-7　元音 e 和辅音 g、k 影响的音素记音转写样本示例

WN	KAZAK	前词属性	前词音位 IPA 转写	前词 egk 影响音变	后词属性	后词音位 IPA 转写	后词 ekg 影响音变
N20700	كۇره		kure	kyre			
N21467	قادس		qadəs	qadəs			
N19905	كورىك#(كورلى)#|		korək	kørik		korlə	kørli
N47373	شى/ءشى		ʃə	ʃə	*	*ʃə	ʃi

续表

WN	KAZAK	前词属性	前词音位IPA转写	前词egk影响音变	后词属性	后词音位IPA转写	后词ekg影响音变
N02005	القا ـ #IV		alqa	alqa			
N02403	اڭعار ـ #IV		aŋʁar	aŋʁar			
N05469	باق ـ #IV		baq	baq			
N05583	باقر ـ #IV		baqər	baqər			
N08590	بۇت ـ #IV		but	but			
N08673	بۇك ـ #IV		buk	byk			

然后，在上述改写结果基础上，程序设计对"j"和"w"两个音由于语音环境不同而产生的具体音变进行音标转写。由于之前对所有词条按照w和j进行了类别划分，因此w和j的音素记音主要针对第二类，含j但不含w的词条，第三类，含w但不含j的词条和第四类，既含j又含w的词条。

为了适应程序编写的需要，结合本章第二节"三 哈萨克语文字规则"，本研究对w和j的转写规则进行的详细归纳总结如下：

1. 如果单词中的第一个元音为 ɑ, o, u, ə 四个音中的任何一个，但j或w的前面不是 ɑ, o, u, ə 四个音中的任何一个，同时j的后面不是 ɑ, o, u, ə 四个音中的任何一个那么j变为əj，w变为uw；

2. 如果单词中的第一个元音为 æ, ø, y, i, e 五个音中的任何一个，但j或w的前面不是 æ, ø, y, i, e 五个音中的任何一个，同时j的后面不是 æ, ø, y, i 四个音中的任何一个，那么j变为ij，w变为yw；

3. 如果单词中的第一个元音为 ɑ, o, u, ə 四个音中的任何一个，j或w为第二个字母，且第一个字母为辅音（不是 ɑ, o, u, ə 四个音中的任何一个），那么j变为əj，w变为uw；

4. 如果单词中的第一个元音为 æ, ø, y, i, e 五个音中的任何一个，j 或 w 为第二个字母，且第一个字母为辅音（不是 æ, ø, y, i, e 五个音中的任何一个），那么 j 变为 ij，w 变为 yw；

5. 如果单词中没有任何元音，但有 g 或 k 中的任意一个，那么 j 变为 ij，w 变为 yw；

6. 如果单词中没有任何元音，而且没有 g 或 k 中的任何一个，那么 j 变为 əj，w 变为 uw。

基于以上规则，程序设计在 e、k、g 影响的音变结果基础上，对 w 和 j 进行实际发音音标转写，音变转写结果样本见表 3-8 示例中的"前词 j、w 改写"和"后词 j、w 改写"。

表 3-8 按照 w 和 j 发音规则的音素记音国际音标转写样本示例

WN	KAZAK	前词 ekg 影响音变	前词 j、w 改写	后词 ekg 影响音变	后词 j、w 改写
N00228	اعايىنداسۋ	aʁajəndasw	aʁajəndasuw		
N00232	اعايىن - تۆعان	aʁajən	aʁajən	twʁan	tuwʁan
N00233	اعايىن - تۆعانسىز	aʁajən	aʁajən	twʁansəz	tuwʁansəz
N00234	اعايىن - تۆما	aʁajən	aʁajən	twma	tuwma
N00239	اعايىنشىلاستىرۋ	aʁajənʃəlastərw	aʁajənʃəlastəruw		
N00240	اعايىنشىلاسۋ	aʁajənʃəlasw	aʁajənʃəlasuw		
N00292	اعاتايلاۋ	aʁatajlaw	aʁatajlaw		
N00442	ادىرايتۋ	adərajtw	adərajtuw		
N00443	ادىرايۋ	adərajw	adərajuw		
N00516	اجىرايتۋ	adʒərajtw	adʒərajtuw		
N00517	اجىرايۋ	adʒərajw	adʒərajuw		

第三节 哈萨克语语音和谐模式统计分析

哈萨克语的语音和谐包括词干内部和谐和词干与附加成分之间的和谐。词干与附加成分之间的和谐是实现语法意义的重要手段，也是语法规则的约定。因此词干与附加成分之间的和谐模式可通过语法规则总结获得，此处着重统计哈萨克语词干内部的语音和谐模式。

一 元音和谐模式统计

由于各种语言内部音素的组配关系不同，其词汇的音节划分规则也不同，根据《哈萨克语简志》（耿世民 & 李增祥，1985：10），哈萨克语多音节词的音节划分原则如下：

1）如果两个元音之间有一个辅音，该辅音归后一个音节，如 ana〈a-na〉（母亲）；

2）如果两个元音之间有两个辅音，两个辅音分别归前后两个音节，如 erte〈er-te〉（早）；

3）如果两个元音之间有三个辅音，前两个辅音归前一个音节，后一个辅音归后一个音节，如 ʤoʁaltpa〈ʤo-ʁalt-pa〉（别丢失）。

在国际音标转写的基础上，研究运用程序设计按照哈萨克语词音节划分规则对词汇进行音节划分，并提取每个音节中的元音，从而获取每个词条中各音节间的元音搭配模式。例如，ابايسز（a-baj-səz）由三个音节构成，每个音节中的元音分别是 a、a、ə，这个单词内部的元音搭配模式即 a-a-ə。

由于本研究主要是对哈萨克语本族语词汇的语音和谐现象进行研究，研究内容为语音，一词多义和一词多用的现象会导致数据的重复，也会增加数据分析的工作量。例如，ىب（[aba]）有三种语义：ىب Ⅰ〈名〉（圈牲畜的）围栏；ىب Ⅱ〈名〉披风，斗篷；ىb Ⅲ〈象声词〉（狗）狂吠。这三种语义分别列为三个词条，但是发音是完全相同的。因此，提取语音和谐模式之前，本研究对具有相同发音的词条进行了删除,共获得词汇 38975 条。

实验对前词和后词中提取的元音搭配模式分别进行分类汇总统计,共计前词词内元音搭配模式 855 种,后词词内元音搭配模式 132 种。由于前词和后词中的元音搭配模式必然有重叠,实验对前词和后词的元音搭配模式合并进行分类汇总即获得所有哈萨克语本族语词汇词干内元音搭配模式,共计 855 种(见附录 1),由此说明后词中的元音搭配模式全部包含在前词元音搭配模式中,在后续研究中只需要以前词(包括复合词的前词和单纯词)作为研究对象。

二 元音和谐模式频次分析

在上述统计结果的基础上,实验以词内元音搭配模式为单位,以首音节元音,即搭配模式的第一个元音,为起始元音,对哈萨克语元音和谐搭配模式频率进行了统计分析。前元音和谐搭配模式相关数据详见表 3 - 9,后元音和谐搭配模式相关数据详见表 3 - 10。从数据分布情况本研究初步得出以下结果:

表 3 - 9　　　　　前元音和谐搭配模式数据分布

前元音	S1①	和谐元音②	S2	S3	S4	S5	S6	S7	合计③
æ	2451	æ	301	172	54	4	4	1	536
		e	1098	943	270	13	11	4	2339
		i	868	584	355	92	9	1	1909
		ø	41	57	3	0	0	0	101
		y	77	63	60	42	3	1	246

---

① Sn(n≥1)为音节序号。由于每个音节中包含一个元音,即音节核,因此可以音节为线索统计元音搭配的模式及其频率。
② 此处,和谐元音是指与第一音节中的元音和谐搭配的各元音。
③ 和谐元音在除第一音节之外的后续所有音节中出现的频次总和。

前元音	S1	和谐元音	S2	S3	S4	S5	S6	S7	合计
e	4622	æ	204	240	82	1	0	0	527
		e	2294	1479	236	10	2	0	4021
		i	1843	1188	463	55	1	0	3550
		ø	40	23	2	0	0	0	65
		y	124	197	118	35	2	0	476
i	2287	æ	185	142	45	0	0	0	372
		e	949	719	119	13	0	0	1800
		i	1030	565	211	35	6	0	1847
		ø	14	0	0	0	0	0	14
		y	49	107	50	9	1	0	216
ø	2330	æ	84	77	16	1	0	0	178
		e	1361	726	182	16	2	0	2287
		i	759	668	234	41	2	0	1704
		ø	10	11	2	0	0	0	23
		y	56	102	47	19	2	0	226
y	3012	æ	122	80	29	3	0	0	234
		e	1206	1054	170	5	0	0	2435
		i	1532	763	289	40	1	0	2625
		ø	6	12	0	0	0	0	18
		y	66	136	72	13	1	0	288
合计	14702①								

表3-10　　后元音和谐搭配模式数据分布

后元音	S1	和谐元音	S2	S3	S4	S5	S6	S7	合计
ɑ	12297	ɑ	6772	5167	1058	124	20	3	13144
		ə	4918	3281	1464	233	28	1	9925
		o	76	83	0	0	0	0	159
		u	335	498	363	97	11	2	1306

① 上述研究中共提取有效词条38975条，其中含前元音词条14702条，因此5个前元音在第一音节中出现的频次总和即为所有包含前元音的词条总和。

续表

后元音	S1	和谐元音	S2	S3	S4	S5	S6	S7	合计
ə	4486	ɑ	1670	1799	341	33	0	0	3843
		ə	2557	1080	424	61	3	0	4125
		o	16	10	3	0	0	0	29
		u	114	188	85	29	1	0	417
o	3768	ɑ	2105	1562	273	29	0	0	3969
		ə	1471	872	330	46	4	0	2723
		o	13	9	0	0	0	0	22
		u	91	174	104	19	3	0	391
u	3722	ɑ	1901	1370	228	23	3	0	3525
		ə	1670	1009	357	55	6	0	3097
		o	4	3	0	0	0	0	7
		u	70	185	97	25	1	0	378
合计	24273[①]								

第一，从表中数据可见，和谐搭配主要发生在前三个音节中。以首音节元音为起始元音即元音和谐的"诱发元音"，与之搭配的和谐元音即"靶元音"，在第二和第三音节中出现的频次较高，从第四音节开始减少，到第五音节急剧减少。这一方面表明了哈萨克语元音和谐聚集的音节主要在前三个音节，另一方面也说明哈萨克语词汇中三音节（包含三音节）以下的构词比较多，四音节以上构词的词汇量相对比较少。

第二，哈萨克语5个前元音相互之间，4个后元音相互之间都有和谐搭配的可能，只是有些搭配出现的频次较高，有些搭配出现的频次较低。具体频次高低的相对性，实验研究通过折线图来呈现。

以表3-9数据分布为基础，实验研究分别通过折线图和柱状图

[①] 4个前元音在第一音节中出现的频次总和，即38975条有效词条中包含后元音的词条总数24273条。

将前元音各种和谐搭配模式的频次呈现出来,见图3-1前元音和谐模式频次折线图、图3-2前元音和谐模式频次柱状图。

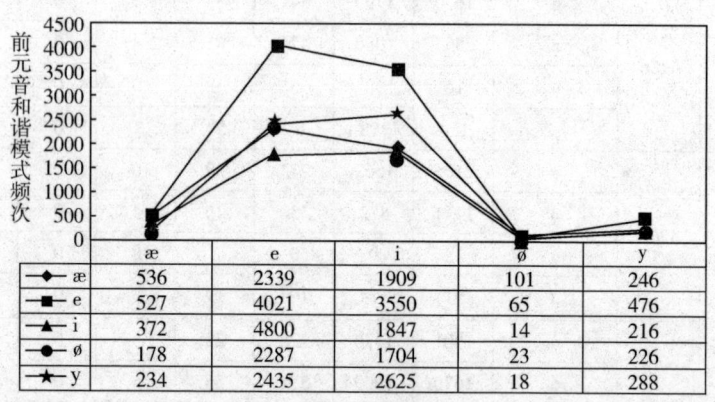

	æ	e	i	ø	y
æ	536	2339	1909	101	246
e	527	4021	3550	65	476
i	372	4800	1847	14	216
ø	178	2287	1704	23	226
y	234	2435	2625	18	288

图3-1　前元音和谐模式频次折线图

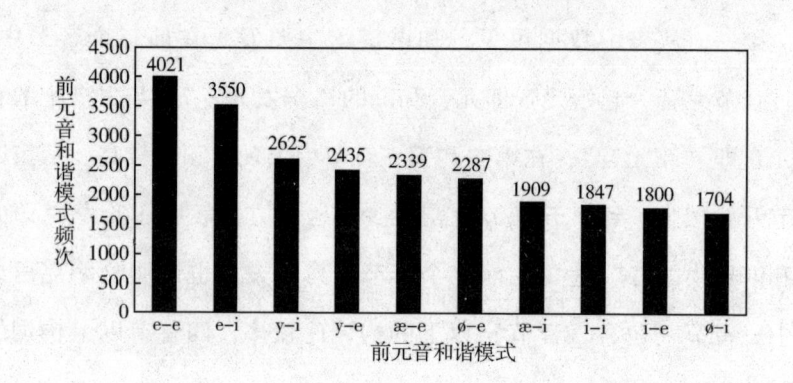

图3-2　前元音和谐搭配模式频次排列柱形

从图3-1可见,前元音e与其他各元音和谐搭配模式出现的频次最高,其次为i、æ、y、ø。e与各元音的搭配模式中,e-e模式出现的频次最高,然后是e-i模式[①];i与各元音搭配的模式中,i-i

---

① 此处的模式为"诱发元音-靶元音"模式。前一个元音为诱发元音和谐的起始元音,后一个元音是可以与起始元音和谐搭配的靶元音。

与 i-e 模式相差无几，与其他模式相比是最高的；æ 与各元音的搭配模式中 æ-e 模式出现的频次最高，其次是 æ-i 模式；y 与各元音的搭配模式中，y-i 模式出现的频次最高，最后是 y-e 模式；ø 与各元音搭配的模式中，ø-e 出现的频次最高，其次是 ø-i 模式。与上述各模式相比较，其他各种搭配模式出现的频次都在 550 次以下，数量极少。

依据统计频次，前元音和谐搭配各种模式可排序如下：e-e＞e-i＞y-i＞y-e＞æ-e＞ø-e＞æ-i＞i-i＞i-e＞ø-i＞æ-æ＞e-æ＞e-y＞i-æ＞y-y＞æ-y＞y-æ＞ø-y＞i-y＞ø-æ＞æ-ø＞e-ø＞ø-ø＞y-ø＞i-ø。其中具有普遍意义，即数量占绝对优势的只有 e-e、e-i、y-i、y-e、æ-e、ø-e、æ-i、i-i、i-e、ø-i 这 10 对。它们的频次高低分布可以通过图 3-2 的柱状图更直观地呈现。结合图 3-1 和图 3-2 综合分析，哈萨克语前元音中和谐搭配能力最强的是 e 和 i，然后是 æ、y，最弱的是 ø。

以表 3-10 数据分布为基础，实验研究分别通过折线图和柱状图将后元音各种和谐搭配模式的频次呈现出来，见图 3-3 前元音和谐模式频次折线图、图 3-4 前元音和谐模式频次柱状图。

图 3-3 对后元音各种和谐搭配模式频次分析显示元音 ɑ 与其他各元音和谐搭配模式出现的频次最高，其次为 ə、o、u。ɑ 与各元音的搭配模式中，ɑ-ɑ 模式出现的频次最高，然后是 ɑ-ə 模式；ə 与各元音搭配的模式中，ə-ə 出现的频次最高，其次是 ə-ɑ 模式；o 与各元音的搭配模式中，o-ɑ 模式出现的频次最高，然后是 o-ə 模式；u 与各元音的搭配模式中 u-ɑ 模式出现的频次最高，其次是 u-ə 模式。与上述各模式相比较，其他各种搭配模式出现的频次除 ɑ-u 出现 1306 次外，都在 500 次以下，数量亦是极少。

	ɑ	ə	o	u
ɑ	13144	9925	159	1306
ə	3843	4125	29	417
o	3969	2723	22	391
u	3525	3097	7	378

后元音和谐模式

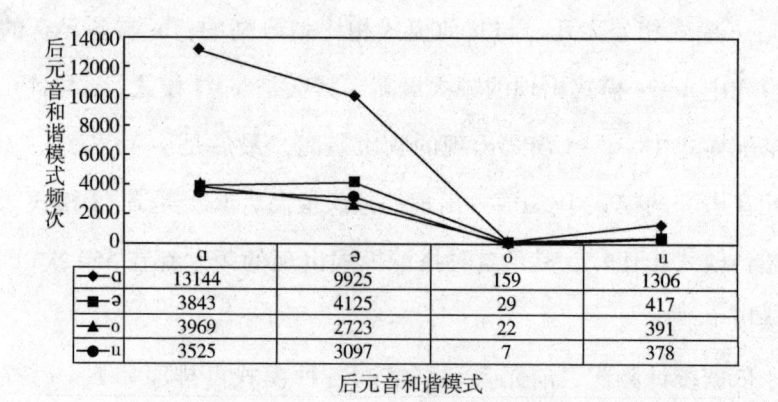

图 3-3　后元音和谐模式频次折线图

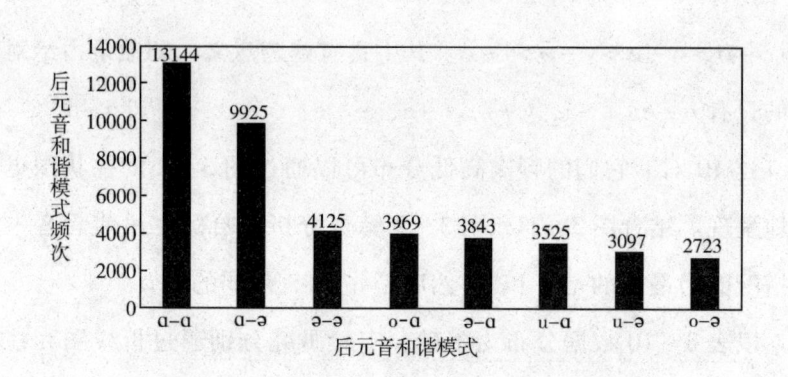

后元音和谐模式频次柱形图数据：
ɑ-ɑ: 13144；ɑ-ə: 9925；ə-ə: 4125；o-ɑ: 3969；ə-ɑ: 3843；u-ɑ: 3525；u-ə: 3097；o-ə: 2723

图 3-4　后元音和谐搭配模式频次排列柱形

　　后元音和谐搭配的各种模式按照频次可排序如下：ɑ-ɑ＞ɑ-ə＞ə-ə＞ə-ɑ＞o-ɑ＞u-ɑ＞u-ə＞o-ə＞ɑ-u＞ə-u＞o-u＞u-u＞ɑ-o＞ə-o＞o-o＞u-o。其中具有普遍意义的只有 ɑ-ɑ、ɑ-ə、ə-ə＞、o-ɑ、ə-ɑ、u-ɑ、u-ə、o-ə 这 8 对，详见图 3-4 后元音和谐搭配模式频次排列柱形图。综合图 3-3 和图 3-4 的数据分析可见，哈萨克语后元音按照和谐搭配能力强弱排序为：ɑ、ə、u、o。

　　综合对哈萨克语元音和谐模式统计结果，哈萨克语元音和谐主要搭配模式共 18 种：前元音 e-e、e-i、i-i、i-e、æ-e、æ-i、y-i、y-e、ø-e、ø-i，后元音ɑ-ɑ、ɑ-ə、ə-ə、ə-ɑ、u-ɑ、u-ə、o-ɑ、o-ə。耿世民先生在《现代哈萨克语语法》（1989：19—20）中提出哈萨克语的前后元音和谐有9种情况："ɑ"后只能是"ɑ"或"ə"；"ə"后只能是"ɑ"或"ə"；"e"后只能是"e"或"ɨ"；"ɨ"后只能是"ɨ"或"e"；"æ"后只能是"e"或"ɨ"；"o"后只能是"ɑ"或"ə"；"ø"后只能是"e"或"ɨ"；"u"后只能是"ɑ"或"ə"；"y"后只能是"e"或"ɨ"。虽然本次实验统计出的数据中包含除此之外的其他各种搭配模式，但是其数量极少，所占比例均不超过2%，因此整体而言本次实验结果与耿世民先生的结论基本吻合。

从和谐搭配能力的强弱来看，前元音依次为e、i、æ、y、ø；后元音依次为ɑ、ə、u、o。哈萨克语元音和谐主要是部位和谐，即前后和谐，哈萨克语的元音分类也主要以舌位作为界限分为前元音与后元音。但同时根据唇形度的不同，哈萨克语元音也可分为展唇元音与圆唇元音（见表3-2）。基于以上研究结果初步判断，元音和谐搭配能力的强弱与元音的舌位的前后和唇形圆展有极为密切的关系。和谐搭配能力较强的前元音e、i、æ和后元音ɑ、ə均为展唇元音，而和谐搭配能力较弱前元音y、ø和后元音u、o均为圆唇元音，并且搭配能力的强度随着舌位后缩而减小。本实验将在下一章借助声学研究手段对这一结果进一步分析。

三 辅音与元音搭配频次统计

耿世民先生在《哈萨克语简志》（1985：14）中提出的辅音和谐律主要是指"在哈萨克语本族语中，辅音k、g和q、ʁ是相互对立、排斥的两组，不能同时出现在同一个词中"。成燕燕《现代哈萨克语词汇学研究》（2000：16）中则提出"元音和谐规律与辅音和谐有关。如辅音 k、g 只能与前元音结合；辅音 q、ʁ～ɣ① 只能与后元音搭配。如 qəzəl（红）、kerek（需要）等"。本实验所做的辅音和谐将是广泛意义的，不仅包括对辅音 k、g 和 q、ʁ 两组音位的研究，同时包括对其他辅音与各元音搭配特点的研究。

经过元音和谐模式统计分析，前元音和谐词汇共计 14702 条；后元音和谐词汇共计 24273 条。两组分别包含的辅音及其出现频次见表 3-11。由于后元音词汇数量远远多于前元音词汇数量，因此在表中同一辅音与后元音搭配的频次基本均大于其与前元音搭配的频次，因此研究采用"比例"这一指标作为对比参考。"比例"是指在前元音词或后元音词中，某一个辅音出现的频次与所有辅音跟前元音或与后元音搭配频次总和的比例。这一数据体现了某一个辅音在前元音词或后元音词构词中所占的分量。

表 3-11　辅音分别在前元音和谐词汇和后元音和谐词汇中出现的频次②

序号	辅音	与前元音搭配频次	比例（%）	与后元音搭配频次	比例（%）
1	p	1444	2.19	2493	2.23
2	t	7763	11.78	13048	11.70
3	k	8572	13.00	—	
4	q	753	1.14	14734	13.20
5	b	2330	3.54	3991	3.58
6	d	4468	6.78	6898	6.18
7	g	1854	2.81	0	
8	f	0	0	0	0
9	s	4952	7.51	8520	7.64

① 此处 ʁ～ɣ 即本文中所用的辅音 ʁ。
② 哈萨克语共有 24 个辅音，但是由于辅音 f、v、ʧ 只出现在借词中，而本研究的对象是哈萨克语固有词汇，因此本表中这三个辅音出现的频次均为 0。

续表

序号	辅音	与前元音搭配频次	比例（%）	与后元音搭配频次	比例（%）
10	ʃ	3015	4.57	5489	4.92
11	χ	75	0.11	205	0.18
12	h	26	0.04	29	0.03
13	w	3329	5.05	7073	6.34
14	v	0	0	0	0
15	z	2202	3.34	3178	2.85
16	j	2850	4.32	5343	4.79
17	ʁ	101	0.15	3069	2.75
18	ʧ	—	—	—	—
19	ʤ	1401	2.18	3470	3.11
20	m	2751	4.17	4136	3.71
21	n	4109	6.23	6375	5.71
22	ŋ	1264	1.92	2256	2.02
23	l	6685	10.14	11676	10.46
24	r	5928	8.99	9607	8.61

参考表3-11的横向数据，除f、v、ʧ这三个辅音只用于借词中，各项参数均为"0"外，从"比例"参数对比分析可见，哈萨克语的21个辅音中大部分（k、g、q、ʁ除外）与前元音和后元音搭配的比例基本一致，即大部分辅音既可以跟前元音搭配也可以跟后元音搭配，且在搭配频率上相差无几。例如辅音p与前元音搭配的频次为1444，在所有辅音与前元音搭配频次总和中占2.19%；辅音P与后元音搭配的频次为2493，在所有辅音与后元音搭配频次总和中占2.23%。辅音P与前元音和后元音搭配的频次不同，甚至相差较大，这主要是由于前元音词与后元音词的数量悬殊所致，但是从频次所占比例对比分析来看，辅音P与前元音搭配和与后元音搭配的相对概率是一致的。除k、g、q、ʁ四个辅音较为特殊以外，其他辅音亦是如此。

从表 3-11 的纵向数据分析可见，各辅音在哈萨克语词汇中出现的频次差异较大，体现了它们构词能力的不同。各辅音与前元音搭配频次高低顺序为：k>t>l>r>s>d>n>w>ʃ>j>m>b>z>g>p>dʒ>ŋ>q>ʁ>χ>h；各辅音与后元音搭配频次高低顺序为：q>t>l>r>s>w>d>n>ʃ>j>m>b>dʒ>z>ʁ>p>ŋ>χ>h。综合表 3-11 的横向和纵向数据分析可见，除 k、g、q、ʁ 四个辅音外，其他辅音分别与前元音和与后元音搭配的频次高低顺序基本一样，即有些构词能力较强的辅音无论与前元音还是与后元音搭配的频次都是很高的，如 t、l、r、s；有些构词能力较弱的辅音与前元音和后元音搭配的频次都是很低的，如 ŋ、x、h。总计前元音词和后元音词，除 f、v、tʃ 之外的 21 个辅音在哈萨克语词汇中出现的频次和所占比例见图 3-5。

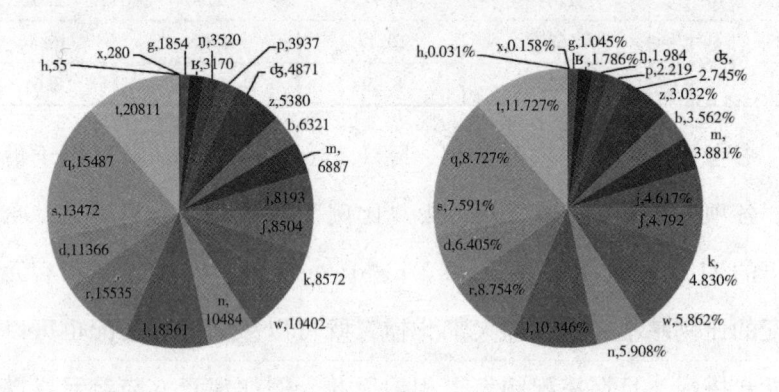

图 3-5 哈萨克语 21 个辅音在词汇中出现的频次和占比

四 辅音与元音组合模式分析

（一）元音后接辅音组合模式分析

实验进一步将 VC（C）、CVC（C）音节类型中元音与辅音的组合和 CV［（C）C］音节类型中辅音与元音组合情况进行了统计分析。其中元音与辅音的组合，包括元音与其后单辅音的组合和元音与其后复辅音中第一个辅音的组合，统称为元音与辅音的组合或 VC

组合。表3-12 VC（C）音节中元音与辅音组合数据显示VC音节类型基本都出现在单词的第一音节，只有前元音æ和e，后元音ɑ和ə在后续音节中出现VC结构，但也只是零星现象，而且延续的音节不超过第四音节。整体而言，元音与辅音的组合主要集中在擦音、鼻音、边音、颤音和半元音，而与塞音和塞擦音的组合较少。

表3-12　　VC（C）音节中元音与辅音的配列频次数据

类型	音位	VC（C）音节												
		前元音				后元音								
		S1①æ	S2æ	S4②æ	S1e	S2e	S1i	S1ø	S1y	S1ɑ	S3ɑ	S4ɑ	S2ə	S1o	S1u
塞音	b	16	0	0	11	0	0	0	0	29	0	0	0	9	0
	p	11	0	0	19	0	0	10	5	24	0	0	1	4	1
	d	1	0	0	0	0	0	0	0	9	0	0	0	0	0
	t	15	4	0	0	0	0	27	1	75	0	0	5	0	14	8
	g	0	0	0	7	0	0	0	0	0	0	0	0	0	0
	k	16	0	0	30	0	0	45	3	0	0	0	0	0	0
	q	14	0	0	0	0	0	0	0	141	0	2	55	1	33	11
塞擦音	ʤ	11	0	0	1	0	10	0	0	0	0	0	0	0	3
擦音	s	18	0	0	68	0	51	20	40	101	0	0	57	0	16	29
	z	3	0	0	20	0	35	40	22	44	0	0	38	0	12	0
	ʃ	10	0	0	14	0	27	16	20	29	0	0	12	0	0	35
	ʁ	0	0	0	2	0	0	0	0	2	0	0	0	0	1
	χ	0	0	0	1	0	0	0	0	3	0	0	1	0	0
	h	0	0	0	1	0	0	0	0	0	0	0	0	0	0
鼻音	m	9	0	0	41	0	0	1	0	1	0	0	9	0	15	9
	n	26	0	1	51	0	12	24	15	27	0	0	40	0	8	15
	ŋ	32	0	0	0	0	64	0	10	53	14	97	0	34	0	32	12
边音	l	84	0	0	57	0	73	32	52	218	0	0	32	0	19	36

①　sn（n≥1）为音节序号。
②　由于第三音节中没有æ与辅音的组合的VC结构，所以此处略掉，直接列举第四音节的VC结构，后元音ɑ的情况同理。

续表

类型	音位	VC（C）音节														
		前元音					后元音									
		S1æ	S2æ	S4æ	S1e	S2e	S1i	S1ø	S1y	S1ɑ	S3ɑ	S4ɑ	S1ə	S2ə	S1o	S1u
颤音	r	41	0	0	143	0	30	83	44	211	0	0	101	0	88	43
半元音	w	52	0	0	2	0	0	0	4	120	0	0	0	0	0	41
	j	32	0	0	506	1	176	13	78	278	2	0	45	0	81	45

塞音组合的元音主要是前元音 æ 和后元音 ɑ，其次是前元音 e 和 ø、y，后元音的 o、u 也有所体现。而前元音 i 则与任何塞音都没有搭配，后元音 ə 也只是与送气清塞音 q 有组合现象。而且通过数据对比可见，除双唇爆破音 b 和 p 外，在元音与塞音的搭配中与送气清塞音搭配的数量较多而与浊塞音搭配的数量较少，例如后元音 ɑ 与浊塞音 d 的组合有 9 个，与送气清塞音 t 的组合有 75 个；前元音 æ 与浊塞音辅音 g 的组合为 0 个，与送气清塞音 k 的组合为 16 个。

浊塞擦音 ʤ 的组合的元音主要是前元音 æ、e、和 i，而后元音中只有 u 与之有 3 个组合。

元音与擦音的 VC 组合主要是与 s、z、ʃ 三个辅音的组合，其中各元音与清擦音 s 的组合数量都比与浊擦音 z 的组合数量多。

相比而言，元音与鼻音、边音、颤音和半元音的 VC 组合数量较多。元音与鼻音的 VC 组合中，与 ŋ 的组合量最多，而与 m 的组合数少。各个元音与边音 l 都有搭配现象，其中前元音主要集中在 æ，后元音主要集中在 ɑ。元音与颤音 r 的组合以前元音 e 和后元音 ɑ 的比例最大。各个元音与半元音 j 都有搭配，且组合数量最多，其中以前元音 e 和后元音 ɑ 的量最多；但是与半元音 w 的搭配则主要体现在前元音 æ 和后元音 ɑ，后元音 u 与之也有一定量的组合，前元音中的 i 和 ø，后元音中的 ə 和 o 却没有与半元音 w 的 VC 结构。

表 3-13 统计了各音节中 CVC（C）结构里元音与辅音的组合数

据总和。从数据分析可见，元音与塞音的组合对立比较明显，即元音与清塞音搭配的数量远远超过与浊塞音搭配的数量。例如，前元音 æ 与浊塞音 b 的搭配有 7 组，而与送气清塞音 P 的搭配有 73 组。元音与舌尖浊塞音 d 的搭配数量更少，而且前元音 i、ø 和后元音 ə、o 都没有与其搭配的情况。而全面数据统计（附录 2）显示即使元音与浊塞音搭配也多出现在第一音节，第二音节较少，最多不超过第三音节。

表 3-13　CVC（C）音节中元音与辅音的配列频次数据

类型	音位	CVC（C）音节								
		前元音					后元音			
		æ	e	i	ø	y	ɑ	ə	o	u
塞音	b	7	9	0	3	3	45	18	12	4
	p	73	154	165	57	39	402	224	53	32
	d	6	5	0	0	7	8	0	0	2
	t	157	1282	180	21	28	2364	393	41	56
	g	3	29	0	7	9	0	0	0	0
	k	23	1260	1974	115	81	0	0	0	0
	q	83	0	168	23	0	2407	3411	165	75
塞擦音	ʤ	18	7	0	0	5	32	18	9	4
擦音	s	125	846	535	45	26	1671	959	99	51
	z	83	154	1023	47	43	275	1658	69	54
	ʃ	27	144	407	17	24	163	696	36	39
	ʁ	3	0	0	0	0	82	0	0	4
	χ	4	0	0	0	0	16	0	1	2
	h	0	0	0	0	0	0	0	0	0
鼻音	m	64	326	433	49	84	827	763	102	75
	n	268	1429	702	80	115	2658	1195	80	115
	ŋ	36	560	145	79	66	1231	427	84	43
边音	l	140	712	1148	134	166	1774	2226	310	231
颤音	r	308	947	1559	178	374	1575	2913	434	305
半元音	w	171	1398	0	0	1223	3188	0	1	2683
	j	182	601	390	80	275	2001	838	193	90

与浊塞擦音 ʤ 的元音主要是后元音，而且也都是第一音节居多，第二音节开始就较少了，不超过第三音节，且前元音 i、ø 与其没有组配现象。

在 CVC（C）结构中元音与擦音的搭配也主要集中在与 s、z、ʃ 三个辅音的组合，与喉擦音 h 的组合数量为 0，与擦音 ʁ、χ 搭配的主要是前元音 æ、后元音 ɑ，而且这些组合也多出现在第一音节。

在这一音节类型中，元音与鼻音、边音、颤音和半元音的搭配数量多且集中。在与鼻音的搭配中与 n 的组合数量最多，而与半元音 w 组合的主要是前元音 æ、e、y 和后元音 ɑ、u，前元音 i、ø 和后元音 ə、o 几乎没有与其搭配的情况。

综合上述 VC（C）和 CVC（C）音节中元音与辅音的组合数据，其中搭配数量最多的元音辅音组合分别是：ær、en、ik、ør、yw、ɑw、əq、or、uw。两种音节类型中元音与塞音搭配时与送气清塞音的搭配数量远比与浊塞音的搭配数量多；VC（C）音节中前元音与浊塞擦音 ʤ 的组合相对较多，而在 CVC（C）音节中则是后元音与之搭配较多；在与擦音的搭配中都是与 s、z、ʃ 三个辅音的组合数量多，而与 ʁ、χ、h 的组合数量少；两种音节类型中元音与鼻音、边音、颤音和半元音的组合量都是相对较多的，而且无论在哪种音节类型中前元音 i、ø 和后元音 ə、o 与半元音 w 几乎都没有组合显现。同时，元音在与塞音和擦音搭配时，某些组合多出现在第一音节，第二音节开始数量较少，最多不超过第三音节的现象，与《哈萨克语简志》（1985：7）中提出的"b、f、v、d、ʧ、g、χ、ʁ 可出现在词首、词间，在本族语中不出现在词尾"的说法相吻合。

总计上述两种音节类型中元音后接辅音搭配数据（见表 3-14）分析，无论是前元音还是后元音与辅音搭配的数量主要集中在送气

第三章 哈萨克语语音和谐搭配模式

清塞音 p、t、k（只与前元音搭配）、q（主要与后元音搭配），擦音 s、z、ʃ、鼻音、边音、颤音和半元音。其中前元音后接各辅音搭配模式中，辅音频率高低的顺序为：r＞k＞w＞n＞l＞j＞s＞t＞z＞ŋ＞m＞ʃ＞p＞q＞g＞ʤ＞b＞d＞ʁ＞χ＞h，后元音后接各辅音搭配模式中，辅音频率高低顺序为：q＞w＞r＞l＞n＞j＞s＞t＞z＞ŋ＞m＞ʃ＞p＞b＞ʁ＞ʤ＞χ＞d＞h＞。因此总的来看，元音后接辅音时与元音搭配数量最多的是颤音 r，其次是半元音 w，而搭配数量最少的是擦音中的 ʁ、χ、h 三个音和塞音中的浊塞音。从音位按照发音方法划分的类型来看，基本是颤音＞半元音＞边音＞鼻音＞送气清塞音＞擦音＞浊塞音。由于各音位类型中的不同音位之间又有所不同，因此这一顺序不能一概而论，但是总体来看这一搭配现象与辅音的发音方法和发音部位有较为密切的关系，具体的缘由将在下一章节中通过各音段的声学数据分析进行阐释。

表 3－14　　元音后接辅音搭配数据总计

类型	音位	前元音	后元音
塞音	b	49	117
	p	533	740
	d	19	19
	t	1715	2948
	g	55	0
	k	3547	0
	q	288	6290
塞擦音	ʤ	52	63
擦音	s	1774	2954
	z	1470	2150
	ʃ	706	975
	ʁ	5	88
	χ	5	23
	h	5	6

续表

类型	音位	前元音	后元音
鼻音	m	1007	1792
	n	2723	4123
	ŋ	1059	1948
边音	l	2598	4810
颤音	r	3707	5627
半元音	w	2850	5992
	j	2334	3528

（二）辅音后接元音组合模式分析

表 3–15 是 CV［C（C）］音节中辅音与元音配列数据汇总。每个辅音与元音搭配的第一行数据为"频次"，如 pæ 频次为 159＊。由于前元音词和后元音词数量不同，为了更直观地分析某一辅音与各元音组合情况，每个辅元与元音搭配的第二行数据为"比例"，即某一个辅音与某一个元音组合的总频次与该辅音和所有前元音或和所有后元音组合总频次的比率，如 pæ 的搭配频次与辅音 p 与所有前元音搭配频次总和比例为 17.8※。

从横向数据分析可见，塞音 k 和 g 只与前元音搭配，而与后元音没有搭配现象；q 与后元音的搭配数量大，与前元音也有搭配现象，但主要是与前元音 æ 的搭配，与前元音 e 没有组合。其他几个塞音与前、后元音均有搭配现象，但是送气清塞音 P 主要是与前元音 æ、e、i 和后元音 ɑ、ə 的搭配，其中与前元音 e 和后元音 ɑ 搭配最多，而与前元音 ø、y 和后元音 o 的搭配数量极少，所占比例均不到 1%，与后元音 u 搭配的数量也不多。在三对清浊对立的塞音中，p、b 这一对双唇爆破音与元音搭配时，浊塞音 b 与元音搭配的数量比清塞音 p 与元音搭配的数量多，而其他两对塞音 k、g 和 t、d 与元音搭配时，清塞音与各个元音搭配的数量都比浊塞音与各元音搭配的数量要多。总体而言，在 7 个塞音分别与前、后各元音的搭配中，清塞音 q 是

与前元音 æ 和后元音 ɑ 的组合频次最高，浊塞音 g 与前元音 i 组合频次最高，其他 6 个塞音都是与前元音 e 和后元音 ɑ 的组合频次最高。

表 3-15　　CV［C（C）］音节中辅音与元音配列频次数据

类型		音位	前元音					后元音			
			æ	e	i	ø	y	ɑ	ə	o	u
塞音	清	p	159＊	409	316	2	8	1119	559	9	42
			17.8※	45.7	35.3	0.2	0.9	64.7	32.3	0.5	2.4
		t	565	2750	2098	265	676	6074	3467	641	752
			8.9	43.3	33.0	4.2	10.6	55.6	31.7	5.9	6.9
		k	765	4766	3441	949	1421				
			6.7	42.0	30.3	8.4	12.5				
		q	234	1	61	97	70	3359	3012		1022
			50.5	0.2	13.2	21.0	15.1	40.0	35.9	11.9	12.2
	浊	b	235	908	613	261	243	2081	815	350	623
			10.4	40.2	27.1	11.5	10.8	53.8	21.1	9.0	16.1
		d	358	2291	1598	62	138	4311	2360	116	77
			8.1	51.5	35.9	1.4	3.1	62.8	34.4	1.7	1.1
		g	40	701	849	33	174				
			2.2	39.0	47.2	1.8	9.7				
塞擦音	浊	dʒ	147	605	308	92	189	1870	923	260	343
			11.0	45.1	23.0	6.9	14.1	55.1	27.2	7.7	10.1
擦音	清	s	197	747	1562	102	540	1758	2790	363	624
			6.3	23.7	49.6	3.2	17.2	31.8	50.4	6.6	11.3
		ʃ	136	828	1073	131	134	1727	2187	317	244
			5.9	36.0	46.6	5.7	5.8	38.6	48.9	7.1	5.5
		χ	59	6	2	2	1	137	10	6	9
			84.3	8.6	2.9	2.9	1.4	84.6	6.2	3.7	5.6
		h	14	5	1	0	1	22	1	0	0
			66.7	23.8	4.8	0.0	4.8	95.7	4.3	0.0	0.0
	浊	z	113	310	259	7	42	566	349	28	82
			15.5	42.4	35.4	1.0	5.7	55.2	34.0	2.7	8.0
		ʁ	75	3	16	0	2	1250	1580	0	144
			78.1	3.1	16.7	0.0	2.1	42.0	53.1	0.1	4.8

续表

类型	音位	前元音					后元音			
		æ	e	i	ø	y	ɑ	ə	o	u
鼻音	m	273	935	325	69	137	1790	680	101	165
		15.7	53.8	18.7	4.0	7.9	65.4	24.9	3.7	6.0
	n	205	474	231	11	456	1050	408	32	751
		14.9	34.4	16.8	0.8	33.1	46.9	18.2	1.4	33.5
	ŋ	0.0	51	149	1	5	95	198	0.0	3
		0.0	24.8	72.3	0.5	2.4	32.1	66.9	0.0	1.0
边音	l	266	2252	1463	14	79	4427	2224	27	154
		6.5	55.3	35.9	0.3	1.9	64.8	32.6	0.4	2.3
颤音	r	142	1146	755	6	160	2397	1232	14	306
		6.4	51.9	34.2	0.3	7.2	60.7	31.2	0.4	7.7
半元音	w	120	105	158	0	1	378	678	1	7
		31.3	27.3	41.1	0.0	0.3	35.5	63.7	0.1	0.7
	j	82	308	518	1	119	643	1138	3	296
		8.0	30.0	50.4	0.1	11.6	30.9	54.7	0.1	14.2

按照各辅音与元音搭配数量所占比例排序，塞音与元音搭配比例高低如下：

前元音　　　　　　　　　　　　后元音

pe > pi > pæ > py > pø　　　　　　pɑ > pə > pu > po

te > ti > ty > tæ > tø　　　　　　tɑ > tə > tu > to

ke > ki > ky > kø > kæ

qæ > qø > qy > qi > qe　　　　　　qɑ > qə > qu > qo

be > bi > by > bæ > bø　　　　　　bɑ > bə > bu > bo

de > di > dæ > dy > dø　　　　　　dɑ > də > du > do

gi > ge > gy > gæ > gø

浊塞擦音 ʤ 与各个元音均有组合现象，在前元音中与 e 组合数量最多，在后元音中与 ɑ 的组合数量最多，而且所占比例为 ʤ 与所有后元音组合数量的 55.1%。ʤ 与各元音搭配频次高低分别为：ʤe > ʤi > ʤy > ʤæ > ʤø，ʤɑ > ʤə > ʤu > ʤo。

与元音和擦音的组合情况相似，擦音与元音的组合也是主要以 s、z、ʃ 三个辅音为主，其中清擦音 s、ʃ 与各个元音组合的频次均比浊擦音 z 与各元音组合的频次高。在前元音中，s、ʃ 与 i 的组合频次最高，而 z 与 e 的组合频次最高；在后元音中三个辅音都是与 ɑ 的组合频次最高。清擦音 χ 和 h 与各个元音搭配的数量都是相对较少的，在前元音中与 æ 组合数量最多，在后元音中与 ɑ 的组合频次最高。与清塞音 q 一样，浊擦音 ʁ 与前后元音均有组合现象，但与后元音搭配数量远远超过与前元音的搭配。在前元音中与 æ 的组合频次最高，而在后元音中与 ə 的组合频次最高，与前元音 ø、y 和后元音 o 的搭配数量极少，与后元音 u 的搭配数量也不多，只占其与后元音搭配量的 4.8%。擦音与各元音搭配频次高低分别如下：

前元音　　　　　　　　　　后元音

si > se > sy > sæ > sø　　　　sə > sɑ > su > so

ʃi > ʃe > ʃæ > ʃy > ʃø　　　　ʃə > ʃɑ > ʃo > ʃu

χæ > χe > χi = χø > χy　　　χɑ > χə > χu > χo

hæ > he > hi = hy > hø　　　hɑ > hə > ho = hu

ze > zi > zæ > zy > zø　　　zɑ > zə > zu > zo

ʁæ > ʁi > ʁe > ʁy > ʁø　　　ʁə > ʁɑ > ʁu > ʁo

在鼻音与各个元音的搭配中，m 与各个元音的组合频次相对最高，在前元音中 m 和 n 都与 e 的组合频次最高，在后元音中与 ɑ 的组合频次最高。与鼻音 ŋ 组合最多的是前元音 i 和后元音 ə，前元音 æ 和后元音 o 与鼻音 ŋ 没有组合现象，而元音 ø、y 和后元音 u 与其搭配亦是极少。鼻音与各元音搭配频次高低分别如下：me > mi > mæ >

my > mø, ma > mə > mu > mo；ne > ni > ny > næ > nø, na > nə > nu > no；ŋi > ŋe > ŋy > ŋø > ŋæ, ŋə > ŋa > ŋu > ŋo。

边音 l 和颤音 r 与各元音的搭配中以前元音 e 和后元音 ɑ 所占比例最高，与前元音 ø 和后元音 o 搭配数量最少。边音和颤音与各元音组合频次高低分别为：le > li > læ > ly > lø, la > lə > lu > lo；re > ri > ry > ræ > rø, ra > rə > ru > ro。

半元音 w 与前元音的组合主要是与 æ、e 和 i 的组合，其中与 i 的组合频次最高，但是 w 与这三个前元音搭配的数量相当，比例分布较为均匀；与后元音的组合主要是与 ɑ 和 ə 的组合，与 ə 的搭配频次最高，占其与所有后元音组合数量的 63.7%；w 与前元音 ø 无搭配现象，与前元音 y 和与后元音 o、u 的搭配数量也是极少。半元音 j 与前元音 i 和后元音 ə 的组合频次最高，但是与前元音 ø 和后元音 o 的搭配现象很少。半元音与各元音组合频次高低分别为：wi > wæ > we > wy > wø, wə > wa > wu > wo；ji > je > jy > jæ > jø, jə > ja > ju > jo。

综上分析，哈萨克语辅音与前、后各个元音搭配频次最高的组合分别为塞音：pe、pa、te、ta、ke、qæ、be、ba、de、da、gi，塞擦音：ʤe、ʤa，擦音：si、sə、ʃi、ʃə、χæ、χɑ、hæ、hɑ、ze、zɑ、ʁæ、ʁə，鼻音：me、ma、ne、na、ŋi、ŋə，边音：le、la，颤音 re、ra，半元音 wi、wa、ji、jə。辅音与各个元音搭配频次极少（≤10）的组合分别为塞音：pø、py、po、qe，擦音：χe、χi、χø、χy、χə、χo、χu、he、hi、hø、hy、hə、ho、hu，鼻音：ŋæ、ŋø、ŋy、ŋo、ŋu，颤音 rø 半元音 wø、wy、wo、wu、jø、jo。

从表 3-15 纵向数据结合全面数据统计（附录 3）分析，CV［C（C）］音节中辅音后接前元音搭配频次高低顺序为：k > t > d >

l > s > ʃ > b > r > g > m > n > ʤ > j > p > z > q > w > ʁ > ŋ > χ > h；辅音后接后元音搭配频次高低顺序为：t > q > d > l > s > ʃ > r > b > ʤ > ʁ > m > n > j > p > w > z > ŋ > x > h。

在所有辅音与各元音的搭配中，搭配频次较高的集中在各辅音与前元音 æ、e 和 i 的组合和与后元音 ɑ、ə 的组合，相对而言在前元音中与辅音搭配频率最高的是元音 e，在后元音中与各辅音搭配频率最高的是元音 ɑ。但是所有辅音与前元音 ø、y 和后元音 o、u 的组合数量都较少，尤其是与前元音 ø 和后元音 o 的组合是每个辅音与各个元音的组合里面占比例最少的，而且通过对各个音节中辅音与元音的组合数据分析可见，辅音与这四个圆唇元音的组合主要集中在前两个音节，不超过第 4 个音节。

在各辅音与元音的搭配组合中，分别与前元音 æ、e、i、ø、y 搭配数量最多的都是送气清塞音 k，与后元音 ɑ 搭配数量最多的是送气清塞音 t，与后元音 ə 搭配数量最多的也是送气清塞音 t，分别与后元音 o 和 u 搭配数量最多的都是送气清塞音 q。

哈萨克语中 j、ŋ 可出现在词间、词尾，不出现在词首（耿世民 & 李增祥，1985：7），因此在统计数据中鼻音 ŋ 在第一音节和所有元音搭配数量为 0。半元音 j 在第一音节和元音组合的数量有 18 个，但是在实际口语中，位于词首的半元音 j 前要增加与词汇中元音相应的前元音 i 或后元音 ə。

上述数据分析明确显示辅音 k、g 只与前元音搭配，不与后元音搭配。而数据显示辅音 q、ʁ 与前后元音均有搭配的现象，只是与前元音搭配的比例远远低于与后元音搭配的比例。辅音 q 与后元音搭配比例为 13.20%，但与前元音搭配的比例仅为 1.14%；辅音 ʁ 与后元音搭配的比例为 2.75%，而与前元音搭配的比例只有 0.15%。

虽然这两个辅音与前元音搭配的频次远远低于与后元音搭配的情况，但是与上述文献提到的只能与后元音搭配的绝对现象有所不同，因此本实验对与这两个辅音搭配的前元音进行统计分析，具体数据见表3-16。

表3-16　　　　　辅音 q、ʁ 与前元音搭配情况

辅音	与前元音搭配总频次	前元音	搭配频次	比例（%）①
q	753	æ	331	43.96
		i	229	30.54
		e	1	0.13
		ø	120	16.07
		y	70	9.30
ʁ	101	æ	78	77.23
		i	16	15.84
		e	5	4.95
		ø	0	0.00
		y	2	1.98

从表中数据分析可见，与 q、ʁ 这两个辅音搭配的前元音主要是 æ 和 i，尤其是前元音 æ 的频次最高。前元音 æ 是哈萨克语中比较特殊的一个音，也是哈萨克语相对于同语族的其他语言所特有的一个音。一般而言，突厥语族语言的元音都是前后元音严整对立的，但是在哈萨克语中有 5 个前元音 4 个后元音，并不是前后元音一一严整对应的，而其中不同于同语族其他语言的一个音就是前元音 æ②。而前元音 i，前人研究结果也提到"不论是元音的绝对位置，

---

① 此处比例是指辅音与某前元音搭配的频次与本辅音与所有前元音搭配频次之和的比例。
② 关于哈萨克语中不同于突厥语 8 个基本元音之外的那一个元音，有人认为是前元音 e，有人认为是前元音 æ，并各自有不同的论证。这一点将在下一章节进一步阐明。笔者赞同后者，即 æ 是在突厥语 8 个基本元音之外后续发展而来的一个前元音。

还是在元音系统中的相对位置,哈萨克语元音 i 集中位于半高、偏央的位置,而不是前、高的位置([i])或者央、高的位置([ɨ]),也不是和汉语[ɣ]类似的位置"(郑桓,2009)。对于这一假设,本研究将在下一章节通过声学语言学手段,借助科学数据进一步验证。

第四章 哈萨克语音段声学特征与语音和谐发音机制

在上一章节中,实验研究已对哈萨克语词干内语音和谐模式特征进行了全面统计分析。18 对元音和谐搭配模式的组配依据是什么？不同辅音在词汇构词中参与程度不同,即与各辅音搭配频次不同的原因是什么？辅音 q、ʁ 能与前元音 æ 和 i 搭配的根源是什么？这些都是哈萨克语语音和谐的发音机制问题。本章节将借助声学语音学手段,收集哈萨克语各音段特征；然后运用生成音系学非线性理论进行综合分析。

第一节 声学实验技术路线

依据声学语音学实验步骤,经过发音词表设计、语音信号采集、语音标注、声学参数标注和声学参数提取等一系列程序,本次实验研究最终建成《哈萨克语语音和谐声学参数库》（见图 4-1）。

```
发音词表设计 → 索引库
语音信号采集 → 声音库           哈
语音标注 → 语音标注库           萨克语语音和谐声学参数库
声学参数标注 → 声学参数标注库
声学参数提取 → 声学参数库
```

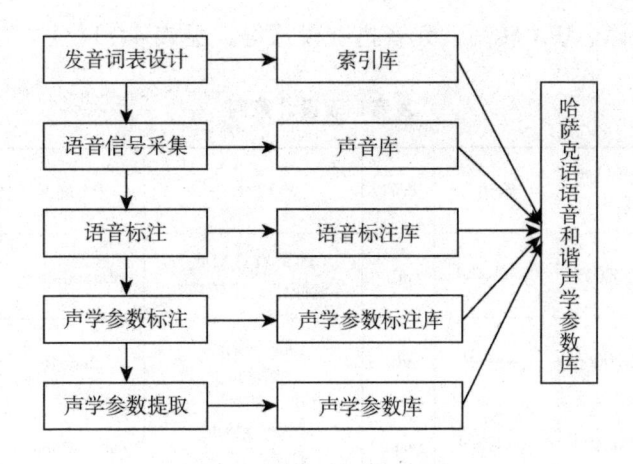

图 4-1　声学技术路线图

一　发音词表设计

发音词表的选择以《哈萨克语本族语词汇语料库》为基础。根据呼和（2014）《语音声学研究思路和方法》和本次实验研究的目的，词表主要由两部分组成。

第一部分：字母表。包括哈萨克语的所有元音和辅音。

第二部分：常用词汇。鉴于本次实验研究的目的为哈萨克语语音和谐发音机制，词表选择力求覆盖上一章节统计所得的所有元音和谐模式和辅音和谐模式。为实现这一目标，研究首先对所有的词汇音节类型进行统计，共获取音节组配类型2285种，其中前元音词音节类型1217种，后元音词音节类型1068种。通过筛选，共选出覆盖所有音节类型和元音和谐搭配模式的词汇1500个。

以上两部分共同构成本实验发音词表索引库，除哈萨克语字母表，其他词汇检索字段均包括：文本序号、语料库索引号[①]、哈语、

[①] "语料库索引号"是指这些词汇在《哈萨克语语料库》中的编号，为了方便查证，词表索引库中保留了这一编号。

词性、汉译、IPA 转写、元音搭配模式等，见表 4-1。

表 4-1　　　　　　　　发音词表设计范例

文本序号	语料库索引号	哈语	词性	汉译	IPA 转写	元音搭配模式
WN0034	N00047	ابدراڭقىرا	verb.	〈动〉有点紧张，有点慌张，比较尴尬。	abdəraŋqəra	aəaəa
WN0035	N00066	ابزاتستى	adj.	〈形〉段的，段落的。	abzatstə	aaə
WN0036	N00100	ابۇيىرلىلىق	noun.	〈名〉威望，威信，面子。	abujərləleq	auəəe
WN0037	N00102	ابۇيىرسىزدان	verb.	〈动〉丧失威信，丧失威望，丢面子。	abujərsəzdan	auəəa
WN0038	N00103	ابۇيىرسىزدانۇ	verb1.	ابۇيىرسىزدان 的不定式。	abujərsəzdanuw	auəəaue

二　语音信号采集

（一）发音人

我国哈萨克语主要分为东北方言和西南方言。其中东北方言在我国哈萨克语言文学的形成和发展中一直处于主导地位（见本文第一章第三节），因此本次实验发音人选择操哈萨克东北方言的本族语者。其居住范围为伊犁哈萨克自治州的阿勒泰专区（今阿勒泰地区）、塔城专区（今塔城地区）、新源县和尼勒克县两直属县以及博尔塔拉蒙古自治县（今博尔塔拉蒙古自治州）、乌鲁木齐县（今乌鲁木齐市）、木垒哈萨克自治县、巴里坤哈萨克自治县和甘肃阿克塞哈萨克族自治县。

经过筛选本次实验发音人有 3 男 3 女共 6 名，分别是来自西北民族大学维吾尔学院的 2 名男生 2 名女生和来自甘肃省阿克塞哈萨克族自治县电视台的 1 名男播音员和 1 名女播音员。发音人的主要居住地信息如下：

新疆巴里坤哈萨克自治县2人；

新疆木垒哈萨克自治县1人；

新疆博尔塔拉蒙古自治州1人；

甘肃阿克塞哈萨克族自治县2人。

（二）声音信号采集装备

本次实验语音信号采集运用 audition 3.0 录音软件、联想笔记本电脑、Yamaha Steinberg UR22 外置声卡和索尼全指向性话筒在西北民族大学榆中校区中国民族信息技术研究院专业声音信号采集实验室完成。信号采样率设置为 22050 Hz，16-bit，单声道，录音文件保存为 *.wav 格式。

（三）切音

为尽量保障研究结果的准确性，实验借助 Praat 对采集到的声音信号进行切分处理，并结合发音人的性别、发音顺序和词表索引库的文本序号对声样进行编号形成声音索引库。男性发音人发音顺序分别为 M1，M2，和 M3，其声样编号分别为 M10001—M11500，M20001—M21500，M30001—M31500。女性发音人发音顺序分别为 W1，W2，和 W3，声样编号分别为 W10001—W11500，W20001—W21500，W30001—W31500。声音信号切分整理完毕形成声音库及其文本索引。文本索引包含文本序号、声样编号、语料库索引号、哈语、词性、汉译、IPA 转写和元音搭配模式等8个检索字段，见表4-2。

表4-2　　　　　声音库文本索引范例

文本序号	声样编号	语料库索引号	哈语	词性	汉译	IPA 转写	元音搭配模式
WN0034	M10034	N00047	ابدراڭقىرا	verb.	〈动〉有点紧张，有点慌张，比较尴尬	abdəraŋqəra	aəəa

续表

文本序号	声样编号	语料库索引号	哈语	词性	汉译	IPA 转写	元音搭配模式
WN0035	M10035	N00066	ابزاتستى	adj.	〈形〉段的，段落的	abzatstə	aaə
WN0036	M10036	N00100	ابؤيىرلىلىق	noun.	〈名〉威望，威信，面子	abujərlələq	auəəə
WN0037	M10037	N00102	ابؤيىرسىزدان	verb.	〈动〉丧失威信，丧失威望，丢面子	abujərsəzdan	auəəa

三 语音标注

为便于后续参数的提取和检索，实验采用 Praat 6.0.42 语音分析软件对声音文件进行语音标注，形成语音标注库。标注第一层为音素层，第二层为音节层；第三层为 IPA 记音层，第四层为哈萨克语记音层。标注文件名与声样文件名相关联，扩展名为 ＊.TextGrid。语音标注范例见图 4－2。

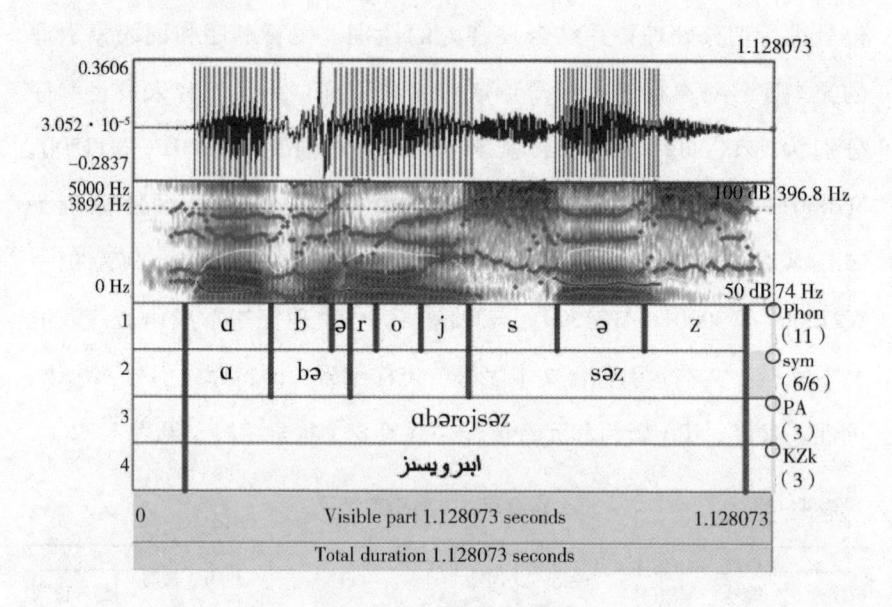

图 4－2 语音标注范例

四 声学参数标注与提取

在语音标注的基础上，实验通过 Praat 软件编辑脚本，批量提取各项数据并将其转化为文本文件，再将其转化为 Excel 文件建立声学参数库。

依据元音发音机制和共振峰的关系，本次实验主要提取元音音素声学参数 F1 和 F2，F3 和 F4 的参数值作为参考。F1 和舌位的高低成反比，F1 越高，舌位越低，F1 越低，舌位越高；F2 和舌位的前后成正比，舌位靠前，F2 就高，舌位靠后 F2 就越低，同时 F2 和唇形的圆展也有一定关系，圆唇作用可以降低 F2 的值（林焘 & 王理嘉，2015：53）。哈萨克语元音舌位图的构建，是解释以前后和谐为特征的腭和谐发音机制的关键。

对于辅音音素，本次实验除提取反映辅音发音方法的语图纹样模式，主要提取反映辅音发音部位的强频集中区，以及 VOT 值。辅音的强频集中区决定了辅音和元音连接时过渡音征的特征，而 VOT 值也是辅音和元音连接时发音器官交替活动间隔时长的反映。辅音的强频集中区、过渡音征的特征和 VOT 值可以从不同角度解释哈萨克语辅音与元音和谐的发音机制。

第二节 哈萨克语元音和谐发音机制分析

本实验分别对前、后元音的声学特征进行分析，构建哈萨克语元音舌位图，并结合元音舌位图和元音的音段特征分析哈萨克语元音和谐模式发音机制。

一 前元音音位声学分析

(一) 前元音 e、æ

哈萨克语前元音 e、æ 是展唇宽元音,也是哈萨克语中比较有争议的两个元音。

我国第一部用阿拉伯标音注释的突厥语辞书《突厥语大辞典》全面描述了突厥语的语音系统,其中提出突厥语的元音系统由 i、ɨ、ɛ、ɑ、o、u、ø、y①8 个基本元音构成(赵明鸣,1997),并有相对应的长元音。现代突厥语族诸语言也基本都是由 8 个基本元音构成,如维吾尔语的元音:ɑ、ɛ、e、i、o、ø、u、y(吴宏伟,1994),柯尔克孜语共有 14 个元音音位,其中包括 6 对长短相对的元音和 2 个不分长短的元音(尤丽吐斯,2000),即基本元音音位是 8 个。哈萨克语共有 9 个元音,"没有真性的复元音和长元音"(耿世民,1989:9)。作为突厥语族的一种语言,哈萨克语除突厥语共有 8 个基本元音以外,还有一个特殊的元音音位。

关于这一个特殊的元音音位,部分人认为是前元音 e,部分人认为是前元音 æ。帕提曼·比都拉在《古代突厥语词在哈萨克语中的演变》一书中指出"古代突厥语元音 i 演变为哈萨克语元音 e 的现象比较常见,如 bir - >ber - '给'"(帕提曼·比都拉 & 阿力肯·阿吾哈力,2015:14),并将古突厥语与现代哈萨克语的元音音位做了对比(见表 4 - 3)。从其音位对比表中可以发现在古突厥语和现代哈萨克语的对照中没有前元音 e。

---

① 突厥语 8 个基本元音用突厥语写为:i ɨ ä a o u Ö Ü。

表4-3　　　　古突厥语与哈萨克语元音字母对照

(帕提曼·比都拉 & 阿力肯·阿吾哈力，2015：1)

IPA	Old Turkic	Kazak
a	a	ا
æ	ä	ٵ
y	Ü	و
ø	Ö	ٶ
u	u	ۇ
o	o	ۇٴ
ɯ	Ϊ	ى
i	i	ىٴ

　　成燕燕等人则认为"哈萨克语的 æ 音位是由于阿拉伯—波斯语的影响而产生的"（成燕燕，2000：17）。耿世民在《哈萨克语简志》中（1985：4），赵明鸣在其论文《〈突厥语词典〉的基本元音系统及其元音和谐研究》中（1997）都认为哈萨克语的元音 æ 是源于阿拉伯语和波斯语借词。"从现代共时平面来看，æ 作为一个独立的音位仅出现于我国 8 种现代突厥语之一的哈萨克语中。但是 æ 只出现在词的第一个音节，而且多限于阿拉伯语、波斯语借词，如'dʒænnɑt，天堂''kæsip，职业'。……哈萨克语中的 æ 作为一个独立的音位而出现的时间应是比较晚的"（赵明鸣，1997）。

　　本次实验研究对这两个元音的声学分析也可从另一个角度展示它们在哈萨克语元音系统中的位置。

　　通过上一章的研究发现，哈萨克语前元音 e 是元音和谐搭配能力最强的前元音（见本文第三章第三节二）。目前哈萨克斯坦的新研究成果认为它属于复合元音，而中国哈萨克语学者认为它是一个独立的单元音（周妍，2014），只是"在口语中，e 位于词首时，有 j 化现象"（耿世民 & 李增祥，1985：4）。为了全面了解元音 e 的特点，本次实验提取了词首、词中和词尾的元音 e 起始部分和结尾部分的声学参数 F1 和 F2。同时考虑到元音 e 的特殊性和 Praat 软件提取参数的局限性，实验对每一个元音 e 的起始部分和结尾部分采集片段进行 LPC 切片分析。LPC 分析的声音信号采样率设置为 16000Hz，预测系数（prediction order）设置为 16（熊子瑜，2004：76）。通过 LPC 分析获取共振峰的范例见图 4-3。如果在 prediction order = 16 的条件下，前两个共振峰依然不够明显，实验将 LPC 分析的声音采样率设置为 22050，预测系数设立为 20，并将此条件下取得的共振峰数据作为参考，见图 4-4。

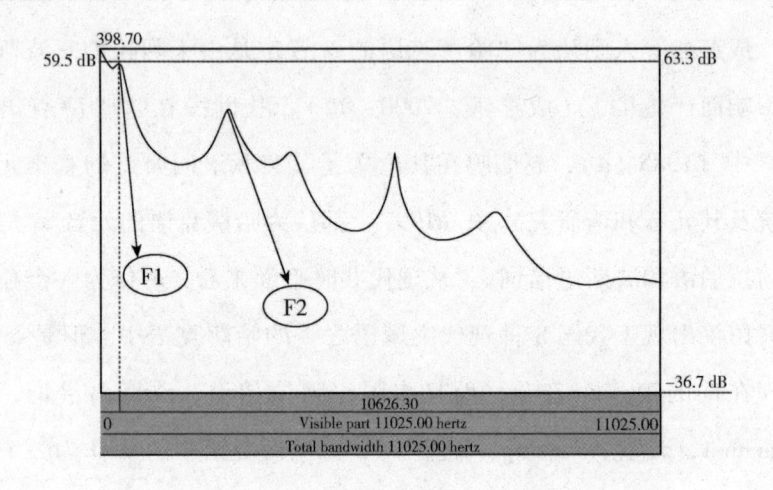

图 4-3　LPC 共振峰分析范例

　　元音 e 分别位于词首、词尾和词中时起始部分和结尾部分稳定段的共振峰数据范例见表 4-4。实验通过运用 SPSS 统计软件对起始部分的 F1、F2 和结尾部分的 F1、F2 进行方差分析，证明起始部分和结尾部分的 F1 之间和 F2 之间并无明显差异，见表 4-5。从表中数据可见两组 F1 值和 F2 值的独立样本 T 检验的 p 值分别为 P = 0.466 和 P = 0.076，均未达到 P < 0.05 的显著差异水平。由此可以

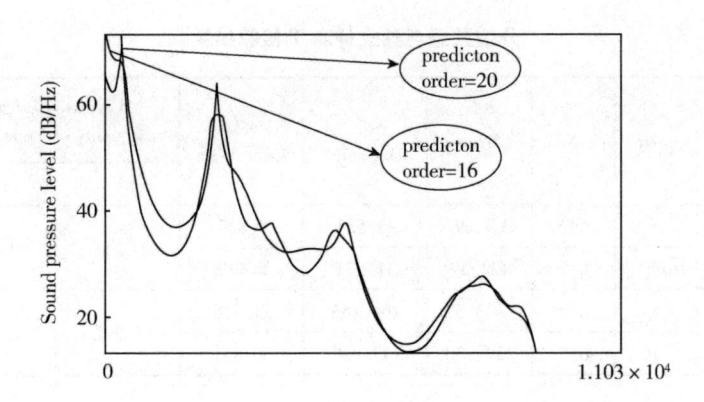

图 4-4 预测系数不同条件下 LPC 共振峰分析效果对比

证明哈萨克语前元音 e 为一个独立的单元音,而不是一个复合元音 [ie]。

表 4-4 元音 e 共振峰数据参数范例

IPA	KZK	onset part		offset part	
		F1	F2	F1	F2
ej	ەي	399	2557	382	2541
ek	ەك	382	2557	431	2458
el	ەل	349	2508	449	2557
eŋ	ەڭ	399	2541	423	2151
ebe	ەبە	399	2524	432	2574
ege	ەگە	349	2328	365	2328
ese	ەسە	365	2500	400	2500
ele	ەلە	400	2467	400	2190
ene	ەنە	400	2431	400	2397
ebep	ەبەپ	365	2362	434	2328
egej	ەگەي	331	2259	365	2293
eken	ەكەن	434	2431	400	2156
ekew	ەكەۋ	365	2224	400	2086
ekeʃ	ەكەش	400	2328	434	2259

表 4-5　　　　　　　　分组数据与独立样本 T 检验结果

group		N	Mean	Std. Deviation	Std. Error Mean	Levene's Test for Equality of Variances	
						F	Sig.
F1	on	639	377.26	37.583	7.837	0.541	0.466
	off	639	422.57	31.073	6.479		
F2	on	639	2443.57	104.156	21.718	3.292	0.076
	off	639	2399.30	147.955	30.851		

在口语中的确可以经常听到在元音 e 前有明显的可能是 i 也可能是 j 的音,而且在某些音的语图上也可以看到 e 元音的起始段 F1 和 F2 的共振峰横杠前端有明显的弯头部分。如图 4-5 哈萨克语 el（ەل）〈名〉人民,民众,群众,众人）和 ek（ەك）〈动〉种,种植,耕种,栽植）两个音的宽带语图,在 F1 和 F2 的前端都有小于 0.04 秒的弯头段。但是这一弯头段只能认为是辅音对元音的过渡,而不是复合元音中舌位交替所产生的动程。而如图 4-6 蒙古语复合元音 ia 的语图所示,在蒙语 ia 这个后响复合元音中,前后两个音之间有较长的滑动过程,并且前一元音的音长有 0.188 秒。通过这一对比可以再次确定哈萨克语元音 e 不是一个复合元音 ie,而是单前元音,词首 e 听感上的复合元音现象只能是 j 化现象。

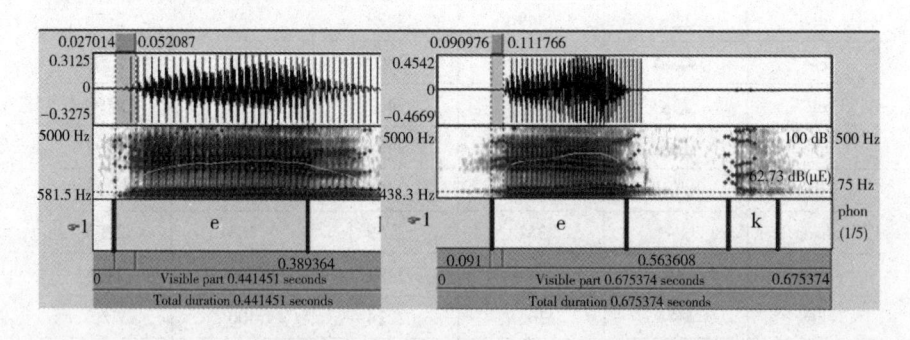

图 4-5　哈萨克语 ex（ەل）和 ek（ەك）两个音的宽带语图

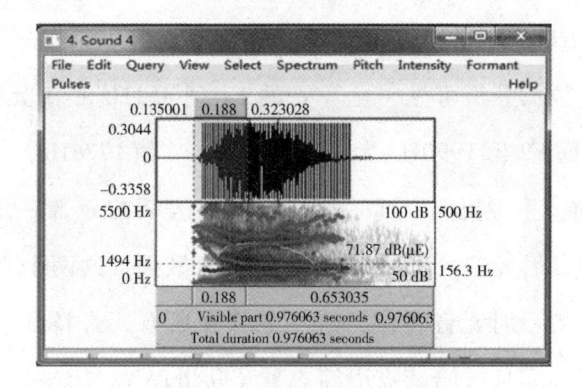

第四章 哈萨克语音段声学特征与语音和谐发音机制

图 4-6 蒙古语复合元音 ia 宽带语图

从三维语谱图和 LPC 分析（见图 4-7）提取前元音 e 声学参数平均基频 F0 = 133Hz，F1 平均值 451Hz，F2 平均值 1990Hz，F3 平均值 2649Hz，F4 平均值 4448Hz，强度平均值 79dB。哈萨克语前元音 æ 的平均基频 F0 = 129Hz，F1 平均值 600Hz，F2 平均值 1776Hz，F3

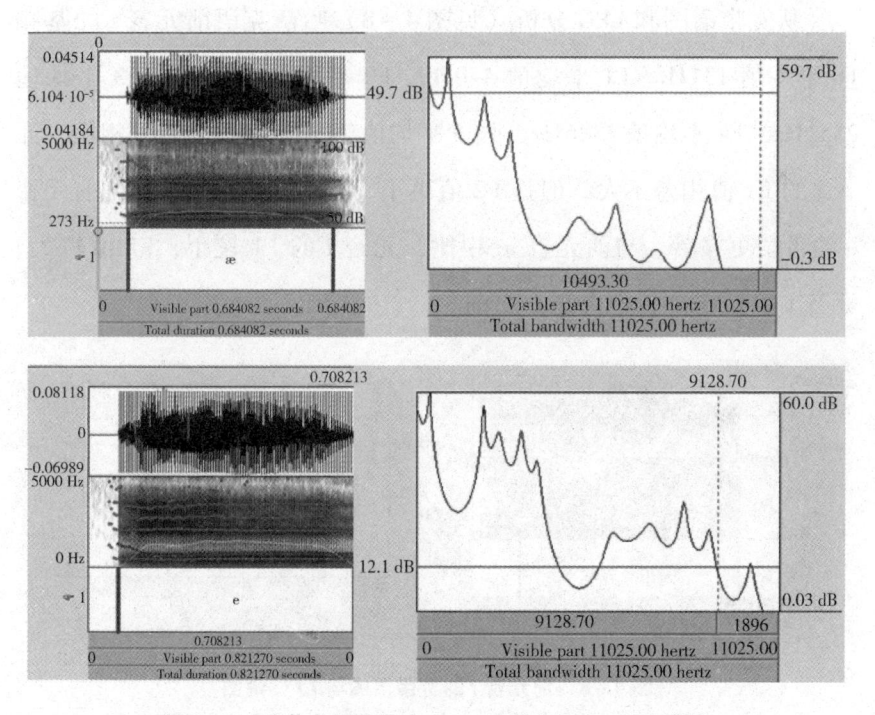

图 4-7 哈萨克语前元音 e、æ 宽带语图与 LPC 谱图

平均值 2450Hz，F4 平均值 3627Hz，强度平均值 79dB。

从以上数据分析可见，元音 e 的 F1 值 451Hz 小于元音 æ 的 F1 值 633Hz，而 F2 值 1990Hz 大于元音 æ 的 F2 值 1776Hz，元音 e 比元音 æ 更靠前，舌位更高。前一章研究结果表明前元音 e 元音和谐搭配能力最强，后元音 ɑ 元音和谐搭配能力最强，这两个音极有可能是前后对立的一对元音音位，这一点将在所有元音特征分析完成之后得到验证。而且《哈萨克语简志》（耿世民 & 李增祥，1985：3）一书中也提到后元音 ɑ 有一个变体就是元音 æ，也说明元音 æ 较为偏后，不是与后元音 ɑ 典型前后对立的前元音。基于以上分析结果，如果前元音 e 和 æ 有一个是源于古突厥语 8 个基本元音，应该是元音 e，而不是 æ。

（二）前元音 i

从宽带语图和 LPC 分析（见图 4-8）哈萨克语前元音 i 的基频 F0 平均值 131Hz，F1 平均值 440Hz，F2 平均值 1793Hz，F3 平均值 2551Hz，F4 平均值 3386Hz，强度平均值 79dB。与前元音 e 相比，元音 i 的 F1 值相差不大，但是 F2 值更小，也就是说前元音 i 比前元音 e 的舌位更靠后。与前元音 æ 相比，元音 i 的 F1 较小，F2 值较大，元音 i 比元音 æ 舌位更高，更前。

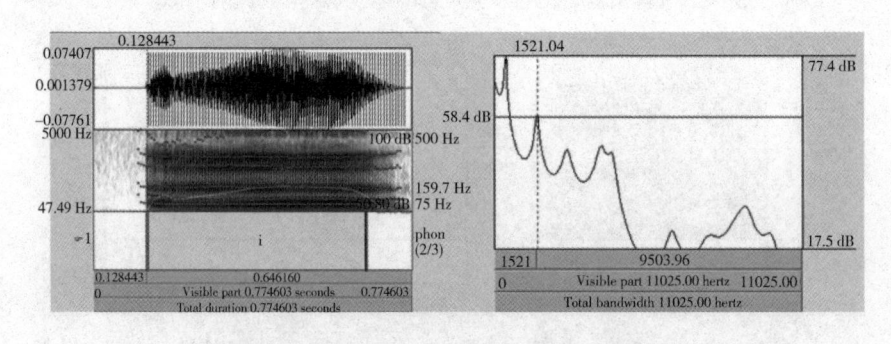

图 4-8 前元音 i 的宽带语图与 LPC 谱图

(三) 前元音 ø

从前元音 ø 的宽带语图和 LPC（见图 4-9）分析提取其声学参数，基频 F0 平均值 130Hz，F1 平均值 434Hz，F2 平均值 1667Hz，F3 平均值 2441Hz，F4 平均值 3450Hz，强度平均值 78dB。前元音 ø 与元音 i 的各项声学参数值相差不大，只是比 i 舌位稍后稍高。

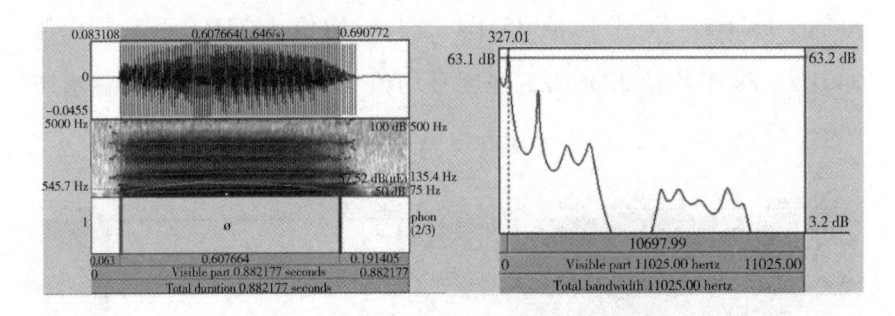

图 4-9　前元音 ø 的宽带语图与 LPC 谱图

在听觉感知上，ø 位于词首时前面有明显的 w/u/y 音。通过图 4-10 也可发现在单词 øs（وس〈名〉〔数，理〕轴，中心线，轴线）中前元音 ø 的 F2 从起始端到中间部分有一个从低到高的变

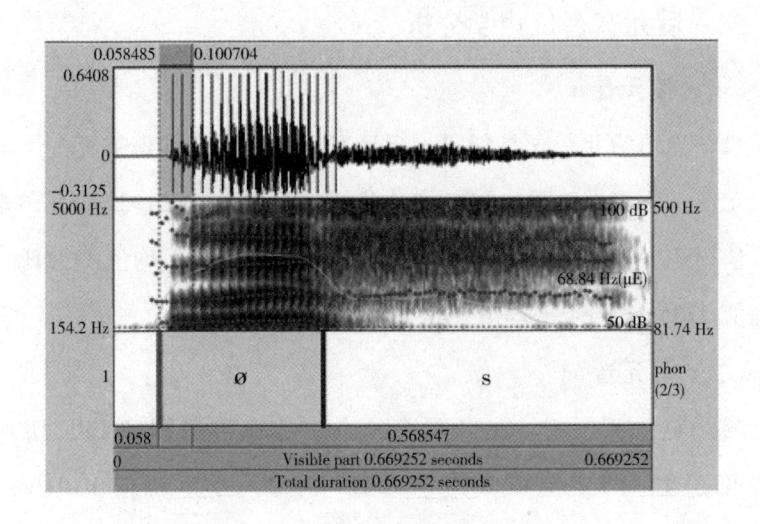

图 4-10　ø 位于词首时 y 化现象示例

化过程。但是如前面实验对前元音 e 的验证,这并不是复合元音的现象,而是 ø 位于词首时发生的 y 化现象(耿志民 & 李增祥,1985:4)。

(四)前元音 y

从前宽带语图和 LPC 分析(见图 4-11),前元音 y 的基频 F0 平均值 131Hz,F1 平均值 355Hz,F2 平均值 1675Hz,F3 平均值 2349Hz,F4 平均值 3236Hz,强度平均值 75dB。与元音 ø 的各项声学参数值相差不大,只是比 ø 舌位更高更偏前。

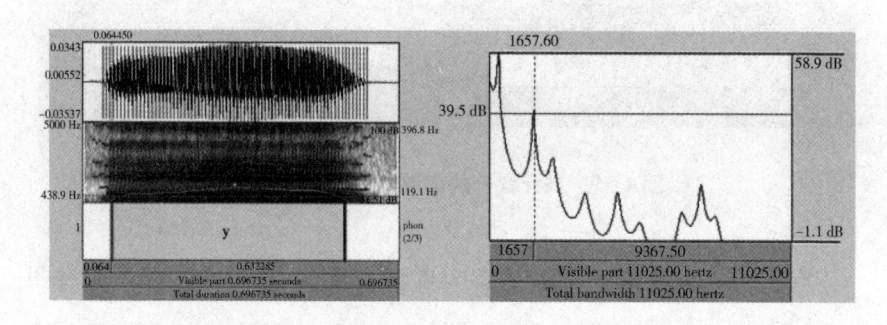

图 4-11 前元音 y 的宽带语图与 LPC 谱图

二 后元音音位声学分析

(一)后元音 ɑ

哈萨克语后元音 ɑ 是展唇、宽元音,也是元音和谐搭配能力最强的后元音。从宽带语图和 LPC 切片分析(见图 4-12)提取其声学参数,基频 F0 平均值 128Hz,F1 平均值 650Hz,F2 平均值 1171Hz,F3 平均值 2785Hz,F4 平均值 3908Hz,平均强度 80dB。

(二)后元音 o

哈萨克语后元音 o 是圆唇宽元音。从宽带语图和 LPC 切片分析(见图 4-13)提取其声学参数,基频 F0 平均值 130Hz,F1 平均值 491Hz,F2 平均值 850Hz,F3 平均值 2635Hz,F4 平均值

3398Hz，平均强度 79dB。相比于后元音 ɑ，元音 o 的舌位更高，更靠后。

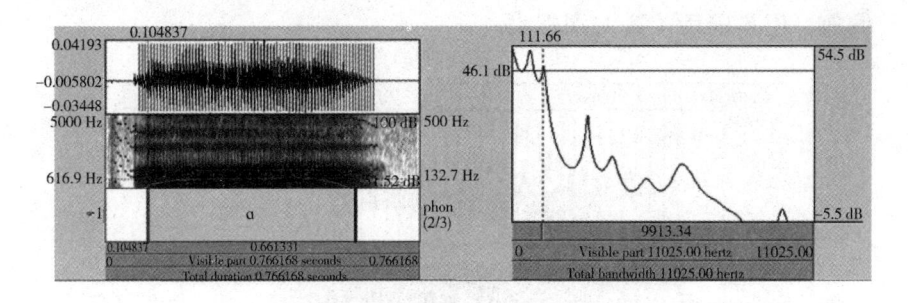

图 4-12　后元音 ɑ 的宽带语图和 LPC 谱图

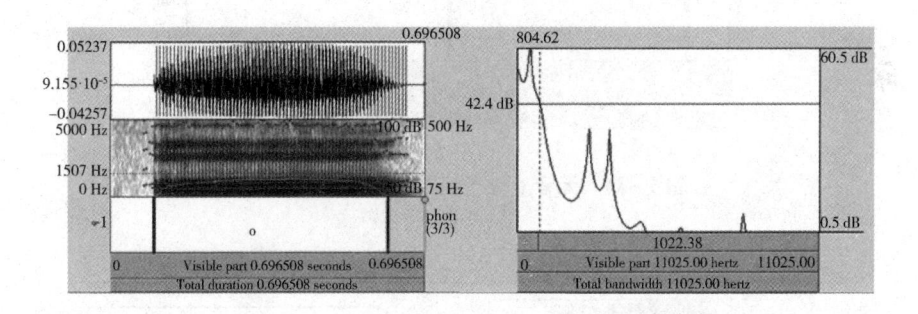

图 4-13　后元音 o 的宽带语图和 LPC 谱图

当元音 o 位于词首时，听觉上有明显的 w/u/y 音。通过图 4-14 可发现在单词 on（ون〈数〉十，十个）中前元音 o 的前段 F1 和 F2 的距离较近，而 F2 从起始端开始逐渐升高，直到达到元音 o 的 F2 值，但 F1 值没有明显变化。因此，这也并不是复合元音的现象，而是元音 o 位于词首时发生的"u 化现象"（耿世民 & 李增祥，1985：4）。

（三）后元音 u

哈萨克语后元音 u 是圆唇窄元音。从宽带语图和 LPC 切片分析（见图 4-15）提取其声学参数，基频 F0 平均值为 131Hz，F1 平均值为380Hz，F2 平均值为900Hz，F3 平均值为2417Hz，F4 平均值为3392Hz，平均强度75dB。跟后元音 o 相比，元音 u 的舌位更高，稍偏前，但是前后位置差别不大。

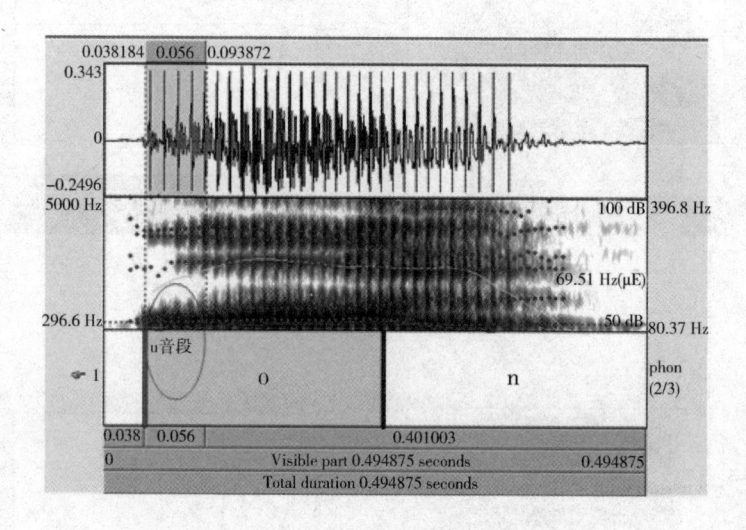

图4-14 元音 o 位于词首时的 u 化现象范例

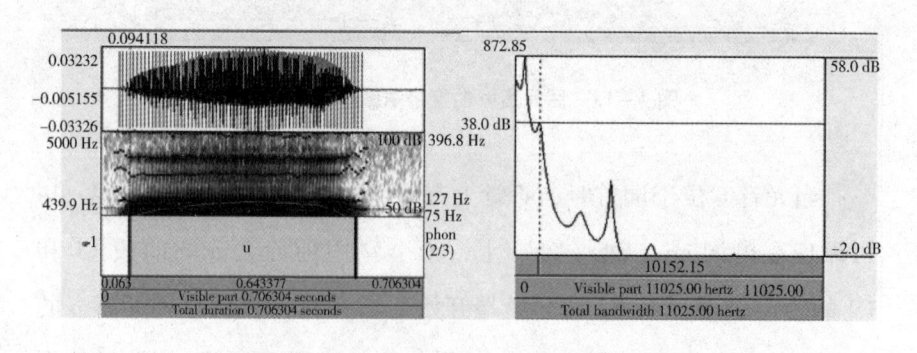

图4-15 后元音 u 的宽带语图和 LPC 谱图

（四）后元音 ə

哈萨克语后元音 ə 是展唇窄元音。从宽带语图和 LPC 切片分析（见图4-16）提取其声学参数，基频 F0 平均值 130Hz，F1 平均值 520Hz，F2 平均值 1089Hz，F3 平均值 2602Hz，F4 平均值 3451Hz，平均强度 78dB。与前几个后元音相比，元音 ə 比元音 u 和元音 o 的舌位低，比元音 ɑ 舌位高；元音 ə 和元音 ɑ 舌位前后相差无几，比另外两个后元音的舌位都更靠前。

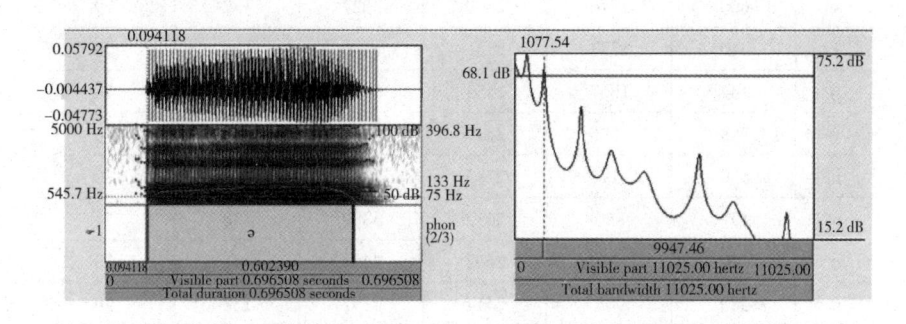

图 4-16　后元音 ə 的宽带语图和 LPC 谱图

三　哈萨克语元音舌位图与元音和谐发音机制

（一）元音舌位模型图

综合上述声学分析，哈萨克语元音声学参数见表 4-6。从表中数据可见，i（F1 = 440Hz，F2 = 1793Hz）和 ə（F1 = 520Hz，F2 = 1089Hz），ø（F1 = 434Hz，F2 = 1667Hz）和 o（F1 = 491Hz，F2 = 850Hz），y（F1 = 355Hz，F2 = 1675Hz）和 u（F1 = 380Hz，F2 = 900Hz），æ（F1 = 600Hz，F2 = 1759Hz）和 ɑ（F1 = 650Hz，F2 = 1171Hz）这四对相互前后对立的元音之间的 F1 值相差无几，F2 值相差较大，说明哈萨克语元音类别划分主要在于 F2 值决定的舌位前后的区别，而不在于 F1 值决定的舌位高低的区别。也就验证了哈萨克语元音前后对立的说法，证明哈萨克语的元音和谐特征为腭和谐。图 4-17 直观展示了哈萨克语前后对立元音 F1 值和 F2 值的变化。

表 4-6　　　　　　　哈萨克语元音声学参数表①

元音	F1_ Hz	F2_ Hz	F3_ Hz	F4_ Hz	F0_ Hz	Intensity_ dB
e	451	1990	2649	4448	128	79
æ	600	1776	2450	3627	132	79
i	440	1793	2551	3386	131	79
ø	434	1667	2459	3450	130	78
y	355	1675	2349	3236	131	76
ɑ	650	1171	2785	3908	128	80
o	491	850	2632	3389	130	79
ə	520	1089	2602	3451	131	78
u	380	900	2417	3392	132	79

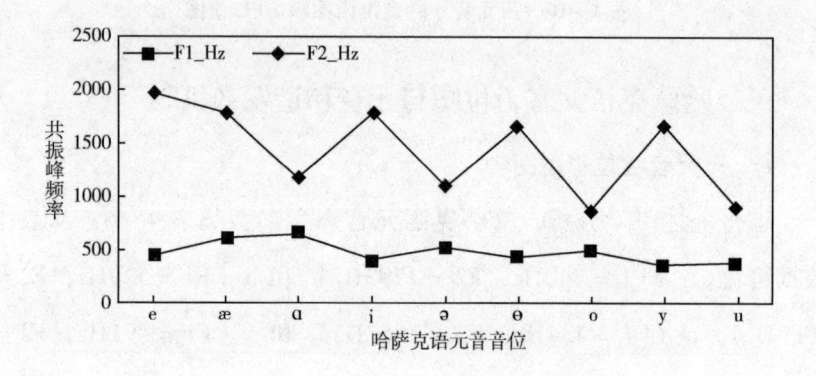

图 4-17　哈萨克语前后对立元音 F1 值和 F2 值对比图

　　但是哈萨克语有 9 个元音，因此有一个比较特殊的现象，即后元音 ɑ 有两个对应的前元音音位 æ 和 e。其中 ɑ 和 æ 之间的 F1 值相差不大，F2 值区别明显，而 ɑ 和 e（F1＝451Hz，F2＝1990Hz）之间无论是 F1 值还是 F2 值都有明显差别。从这一数据分析似乎可以推断前元音 æ 和后元音 ɑ 是源于突厥语的前后对立的一对元音，而

---

① 由于男女发音生理差异，男性发音人元音声学语图特征清晰，因此元音声学分析所采用数据为男性发音人声音信号。文中采用的元音声学数据和声学语图为发音人 M1（阿克塞哈萨克族自治县电视台男播音员）的声音信号。

前元音 e 则是由于语言的发展在后期才进入哈萨克语。下面本章将从元音舌位图的构建进一步探讨这一问题，并由此展开对元音和谐发音机制的分析。

基于声学语音学理论，元音共振峰 F1 和 F2 的值反映元音发音时的舌位变化，也是决定元音音值的最重要因素。因此，根据哈萨克语元音声学参数 F1 和 F2 的值，本实验构建了哈萨克语元音舌位模型图。

从图 4-18 哈萨克语元音舌位模型图可以看到，前元音 e 是哈萨克语中最前的元音。如果这一元音不是哈萨克语从古突厥语继承下来的音位，而是后期进入哈萨克语的，那么在它进入元音体系之前，哈萨克语的元音舌位模型会是与其他突厥语族语言的舌位模型大相径庭。由此可以推断，前元音 e 是哈萨克语源于古突厥语的元音，而 æ 更有可能是在语言接触和发展中逐渐进入哈萨克语中。

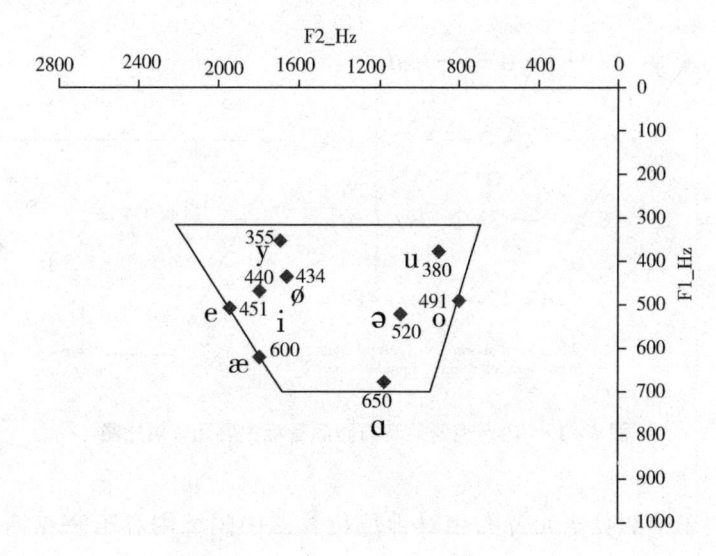

图 4-18 哈萨克语元音舌位模型图

从元音舌位图与国际音标主要元音舌位图对比可见，哈萨克语的元音音位整体偏央。前元音中只有 e 比较靠前，ø、i 和 y 偏央。关于前元音 i，吴宏伟先生在《哈萨克语维吾尔语音位的比较——兼谈两种语言音位系统的发展》中也提到"哈语/i/实际发音为央元音，在分类中算作前元音"（吴宏伟，1994）。郑桓（2009）通过声学研究也提出"哈萨克语元音 i，不论从绝对的数值角度，还是从音位的角度，都不在人们之前所说的 [i]、[ɨ] 或 [ɣ] 的位置上，而是一个半高偏央的元音，这与听觉上感受也更为符合，将该元音标注为 [e⁻] 更为合适"。

哈萨克语的后元音 ə 在国际音标中是央元音，在哈萨克语中是偏后，且归类为后元音。元音 ɑ 也是偏央的后元音。参考图 4-19，从舌位的相对位置而言，哈萨克语后元音 u 更接近国际音标中的 ʊ 元音。

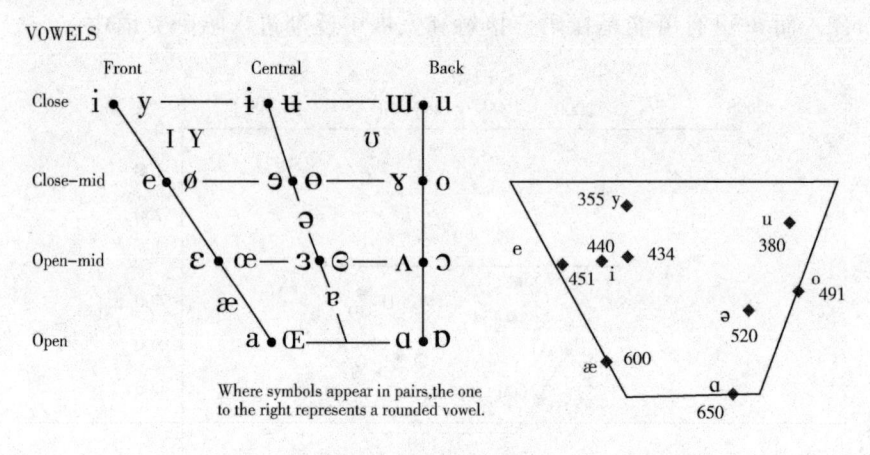

图 4-19　哈萨克语元音与国际音标主要元音对比图

关于哈萨克语元音的相对舌位位置，中国境内和哈萨克斯坦的研究有一定分歧。周妍（2014：10—11）在其硕士毕业论文中也提到"大多数中国学者根据舌位的前后把哈萨克语元音分为前元音和后元音，……但哈萨克斯坦认为应把哈萨克语分为央元音和后元音",见表4-7。

表4-7 中国和哈萨克斯坦对元音的不同分类(周妍,2014:10)

不同分类	成分性质	高低	前元音		央元音		后元音	
			展唇	圆唇	展唇	圆唇	展唇	圆唇
中国	单元音	高元音	i	y			ə	u
		低元音	æ e	ø			ɑ	o
哈萨克斯坦	单元音	高元音			i	y	ə	u
		低元音			æ		ɑ	
	复合元音				e	ø		o

无论中外分类的标准如何,由于哈萨克语的语音音位整体偏央,把它们分为前元音和后元音两组也是相对的概念;分为央元音和后元音,也必然是有相对靠前和相对靠后的区别。哈萨克语作为突厥语族的语言之一,其沿袭的突厥族语言的元音腭和谐特征是不变的。

(二)元音舌位与元音和谐发音机制分析

本书第三章研究结果已得出哈萨克语元音和谐主要有18种搭配模式:前元音和谐模式有10对,e-e、e-i、i-i、i-e、æ-e、æ-i、y-i、y-e、ø-e、ø-i,后元音和谐模式有8对,ɑ-ɑ、ɑ-ə、ə-ə、ə-ɑ、u-ɑ、u-ə、o-ɑ、o-ə。哈萨克语前元音中和谐搭配能力最强的是e和i,然后是æ、y,最弱的是ø。哈萨克语后元音和谐搭配能力最强的为ɑ和ə,然后是u、o。这些元音和谐的搭配模式跟它们自身的音段特征有着密切关系。

如前文所述,根据耿世民和李增祥先生的分类方法(1985),哈萨克语的元音分类除了典型的前后对立,还可以按照唇状的圆展分为圆唇元音和展唇元音,也可根据发音时开口度的大小分为宽元音和窄元音。前后的相对对立在第四章第二节中已经提及,宽窄元音的相对对立则要限制于圆唇和展唇的对立中。从图4-20哈萨克语元音区域划分可见，y、u、ø、o 为前圆唇元音，ø 舌位相对偏低，是宽元音，y 舌位相对偏高，是窄元音；前元音 e、æ、i 为展唇元音，æ 舌位低，是宽元音，i 舌位高，是窄元音；u、o 是后圆唇元音，o 舌位相对偏低，是宽元音，u 舌位相对偏高，是窄元音。后元音 ə、ɑ 是展唇元音，ə 舌位高，是窄元音，ɑ 舌位低，是宽元音。元音 e 从其相对舌位位置看与元音 i 相差不大，在国际音标中定位为半高元音，在哈萨克语中与元音 æ 同为后元音 ɑ 的对立前元音，定位为展唇宽元音。

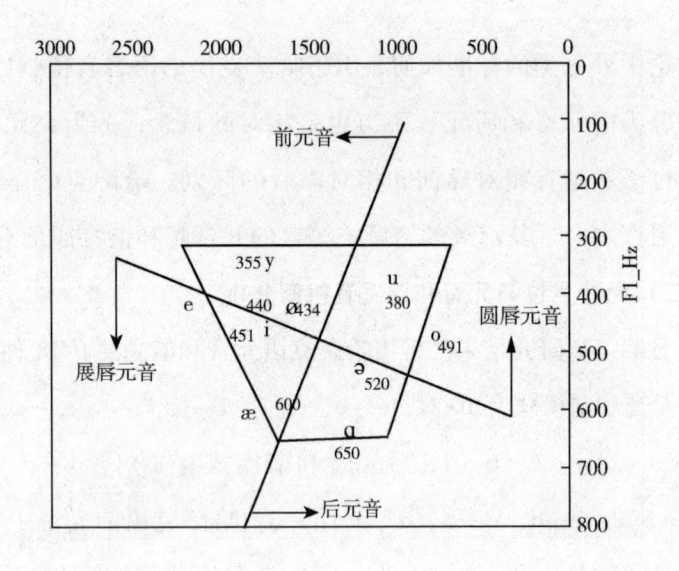

图 4-20 哈萨克语元音前后、圆展区域划分

但是如果从整体舌位布局来看，哈萨克语中只有元音 ɑ 和 æ 算是宽元音，其他元音舌位偏高，应该是半宽或者窄元音。从图 4-20 哈萨克语前后元音区域划分可见，在前元音区域中元音 æ 舌位最低，其他几个前元音都是舌位较高的，或者是半高。而在后元音区域中元音 ɑ 是舌位最低的，元音 ə 偏央，另外两个则是偏高的。但是所有的元音个体之间又有相对的高低区别。

根据哈萨克语各音位唇形的圆展、相对舌位高低（即在前、后元音区域中各音位的相对舌位高低）、相对舌位前后（即在前、后元音区域中各音位的相对舌位前后）和元音开口度，本研究将哈萨克语元音和谐模式进行归类统计，从搭配特征的频率高低来推断各组搭配的主要机制，归类结果见表4-8。表中"唇形圆展"项目下的 Y=圆唇，Z=展唇；"相对舌位高低"项目下的 G=高舌位，D=低舌位；"相对舌位前后"项目下的 Q=前舌位，H=后舌位；"元音开口度"项目下的 K=宽元音，Zh=窄元音。

表4-8　　　　　　　哈萨克语元音和谐搭配特征归类

		前元音	类型数	后元音	类型数
唇形圆展	Y-Y		0		0
	Y-Z	y-i y-e ø-e ø-i	4	o-ɑ u-ɑ u-ə o-ə	4
	Z-Z	e-e e-i æ-e æ-i i-i i-e	6	ɑ-ɑ ɑ-ə ə-ə ə-ɑ	4
	Z-Y		0		0
相对舌位高低	G-G	e-e i-i	2		0
	G-D	i-e y-i y-e ø-e ø-i	5	o-ɑ u-ɑ u-ə o-ə	4
	D-D		0	ɑ-ɑ ə-ə	2
	D-G	æ-e æ-i e-i	3	ɑ-ə	1
相对舌位前后	Q-Q/H-H	e-e i-i	2	ɑ-ɑ ə-ə	2
	Q-H	e-i	1	ɑ-ə	1
	H-Q	y-i y-e æ-e ø-e æ-i i-e ø-i	7	o-ɑ ə-ɑ u-ɑ u-ə o-ə	5
元音开口度	K-K	e-e æ-e ø-e	3	ɑ-ɑ o-ɑ	2
	K-Zh	æ-i ø-i e-i	3	ɑ-ə o-ə	2
	Zh-Zh	y-i i-i	2	ə-ə u-ə	2
	Zh-K	y-e i-e	2	ə-ɑ u-ɑ	2

从表4-8数据分析可见，按照"元音开口度"对各元音和谐模式归类，其中前元音"宽元音-宽元音"和"宽元音-窄元音"的

搭配模式较多，而后元音中各类别分布均匀。总体来看"元音开口度"这一音系特征并没有对元音和谐搭配模式起到决定作用，有决定作用的是"唇形圆展""相对舌位高低"和"相对舌位前后"这三个音段特征。

从"唇形圆展"来看，前后元音中都没有出现"圆唇—圆唇"和"展唇—圆唇"这两种搭配模式。前元音的"展唇—展唇"的搭配模式占绝对优势，"圆唇—展唇"的搭配模式较少；后元音的"展唇—展唇"和"圆唇—展唇"的搭配模式类型数量一样。但是结合元音和谐搭配模式在整个哈萨克语词汇中出现的频次排名：前元音 e-e>e-i>y-i>y-e>æ-e>ø-e>æ-i>i-i>i-e>ø-i，后元音 ɑ-ɑ>ɑ-ə>ə-ə>o-ɑ>ə-ɑ>u-ɑ>u-ə>o-ə，显而易见，无论是前元音还是后元音中，占绝对优势的都是"展唇—展唇"搭配模式。

从"相对舌位高低"来看，前、后元音和谐搭配模式类型最多的都是"高舌位—低舌位"。虽然在前元音和谐搭配模式中出现了一定数量的"低舌位—高舌位"的搭配模式，在后元音中不仅有"低舌位—高舌位"，甚至还有一对"低舌位—低舌位"的搭配类型，但是这些类型仅限于展唇元音之间的搭配，所有的"圆唇—展唇"的搭配模式同时都是"高舌位—低舌位"模式。

从"相对舌位前后"来看，前、后元音和谐搭配模式类型最多的都是"后舌位—前舌位"。前、后元音中各有两组"Q-Q/H-H"搭配，分别是前元音中舌位最前的两个音和后元音中舌位最前的两个音，且都是展唇元音。另外各有一组"H-Q"的搭配模式，也是前、后元音中舌位最前的两个展唇元音之间的搭配。

前元音中的 e 和 i，后元音中的 ɑ 和 ə 是和谐搭配能力最强的元音。结合图 4-18 哈萨克语的元音舌位布局来看，e 和 i 位于前元音区域的半高位置，ə 位于后元音区域的半高位置，既可以与舌位较高的音位搭配，也可以与舌位较低的音位搭配，因此成就了它们强大的和谐搭配能力。而后元音 ɑ 虽然在后元音区域中是舌位最低的元音，但是也是最活跃的元音，由于 ɑ 的舌位最低，开口度最大，在具体的语音环境中音位变体较多。因此，随着音位变体的产生，其发音舌位也会变化。

另外，在上一章节提到主要与后元音搭配的辅音 q 和 ʁ 与前元音 æ 和 i 有一定的搭配。通过对元音特征的分析，可以推断一个原因是元音 æ 是前元音但也是后元音 ɑ 的一个变体，因此其舌位位置相对偏后，而 i 在哈萨克语元音舌位布局中的位置比较偏央，也是导致与这两个辅音偶尔搭配的原因。这一问题将在下一部分对辅音音位特征的声学研究中进一步分析。

第三节　哈萨克语辅音声学特征与和谐发音机制

辅音的声学分析主要是把它的声学特性如音色、音高、音强和音长四要素的参量做出判断和比较，分析对象主要是辅音发出时的一系列过程现象。辅音的声学特征基本上反映了生理的发音部位与发音方法。如通过对辅音声波的不同性质反映出辅音的发音方法，通过对辅音频谱的能量分布区域（强频集中区）反映辅音的调音部位。本实验研究主要提取辅音与元音搭配时所展现的音长、音强、VOT 值、强频集中区和过渡音征走势等声学参数，并以此为依据分析哈萨克语辅音和谐发音机制。

噪音起始时间（VOT）是指辅音与元音连接时发音器官交替活

动,即塞音、塞擦音除阻开始与声带颤动开始的时间过程。在辅元结构中,如果辅音舌位与元音舌位很接近,除阻后立即开始元音声带颤动,VOT 就与除阻时间非常接近,就是零值,或接近于零值;如果辅音舌位与元音舌位较远,那么除阻后不能立即跟上元音的声带颤动,辅音与元音之间的间隙就较大,VOT 值就较大;如果辅音是浊塞音,在除阻之前声带已经开始颤动,那么元音发音就可以直接继承辅音的声带颤动,由此产生的 VOT 为负值。

过渡音段是辅音除阻段尾部与元音声带颤动之间的衔接段,反映辅音与元音搭配时发音器官的运动变化过程。音征就是这一衔接段的表现特征,主要体现为辅音频率集中区 F2、F3 和元音共振峰 F2、F3 的衔接走向,分别称为 T2、T3。由于辅音发音时的特定部位所产生的频率范围和元音发音时舌位变化产生的共振峰频率范围大小不同,音征走势有升有降。音征走向的升降或平稳反映了辅元相搭配发音时舌位运动变化走势,而音征起点和终点之间的频率差则体现了发音时舌位变化范围大小,是反映辅音与元音搭配时调音部位,主要是舌位变化的一个指标。

辅音的频谱分布区域,即强频集中区可以反映其调音部位。辅音频谱的分析方法大致和元音分析的相同。从频率分布范围的大小可以推断发音时口腔内器官的活动范围,如舌位偏前 F2 - F1 值大。舌位后缩时 F2 - F1 值小,F1 较高(鲍怀翘 & 林茂灿,2014:148)。这是分析哈萨克语辅音和谐机制的一个重要角度。

哈萨克语辅音主要分为塞音、塞擦音、擦音、鼻音、边音和半元音六种类型共 24 个。由于其中有三个辅音 f、v、ʧ 只出现在外来词汇中(见第三章第二节三),因此本次实验只提取剩余 21 个辅音的声学特征,见表 4 - 9。

表 4–9　　　　　　　　21 个哈萨克语辅音国际音标表

发音方法 \ 发音部位		双唇	唇齿	舌尖前	舌叶	舌面中	舌根	小舌	喉门
塞音	清	p		t			k	q	
	浊	b		d			g		
塞擦音	清								
	浊				ʤ				
擦音	清			s	ʃ			χ	h
	浊			z				ʁ	
鼻音	浊	m		n			ŋ		
边音	浊			l					
颤音				r					
半元音		w				j			

实验提取辅音主要声学参数的方法如下：

辅音长度：某个辅音的起点到结束点之间的距离，单位为毫秒（ms）。

辅音嗓音起始时间 VOT：某个辅音从除阻开始到声带开始振动所经过的时间，单位为毫秒（ms）。

音征长度：某个辅音过渡音段的起点，即除阻段尾部到元音 F2 共振峰稳定段起点之间的长度。并由此提取音征起点与终点之间的频率差，以推断辅音与元音搭配时舌位变化程度大小。

辅音音征走势：辅音的过渡音征走向其后元音第二共振峰频率渐升的为"升渡"（+），频率渐降的为"降渡"（–），频率不变的为"平渡"（0）。

辅音共振峰：此处，辅音共振峰指的是过渡音征起点的共振峰值，共提取三个：F1、F2 和 F3，并由此计算 F2 – F1 的值，以确认辅音舌位前后偏向。

一 塞音

哈萨克语塞音有 7 个，分别为送清气塞音 p、t、k、q 和不送气浊塞音 b、d、g。其严式国际音标应分别为送气塞音 [pʰ]、[tʰ]、[kʰ]、[qʰ] 和不送气塞音 [p]、[t]、[k]。但是哈萨克语的辅音没有送气与不送气对立，而是清浊对立，故此音标符号采用宽式国际音标标注。

通过宽带语图和频谱切片图（spectral slice）可以清楚地分析反映塞音发音方法的语图纹样、音长、音强、VOT 值、音征走势和频率分布范围。例如，从图 4-21 辅元结构 pɑ（1ᷓ;〈助〉疑问语气词）的宽带语图可以看出，送气清塞音 p 的音长约为 70 毫秒，平均音强约 56dB。爆破除阻开始的语图纹样有明显的冲直条，从除阻开始到元音 ɑ 的声带颤动而产生的基频起点之间有一段送气段，即 VOT，时长约为 66 毫秒。频率分布 F1 = 986Hz，F2 = 1642Hz，F3 = 3086Hz，F2 - F1 = 656Hz。过渡音征 T2 长度约 25 毫秒，起始点频率 T2on = 1642Hz，终止点即元音 ɑ 的 F2 稳定段起点频率 T2off = 1530Hz，终点与起点的差值 T2D = -112Hz，因此音征的走势为降渡（-），但降渡的趋势较为平缓，而不十分陡峭。

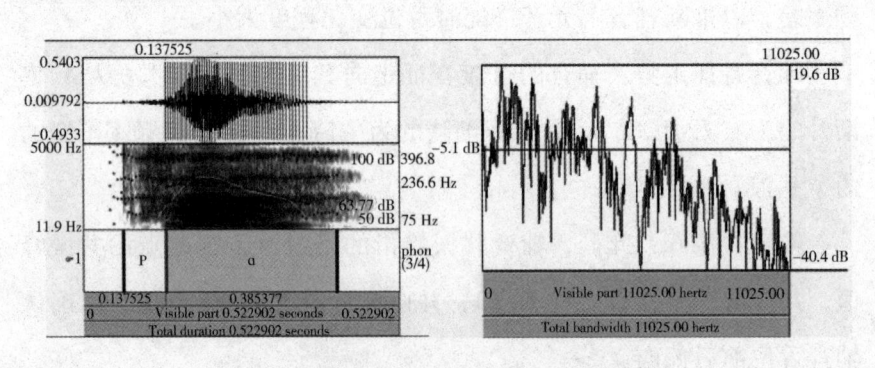

图 4-21 辅音 p 的宽带语图和二维频谱图

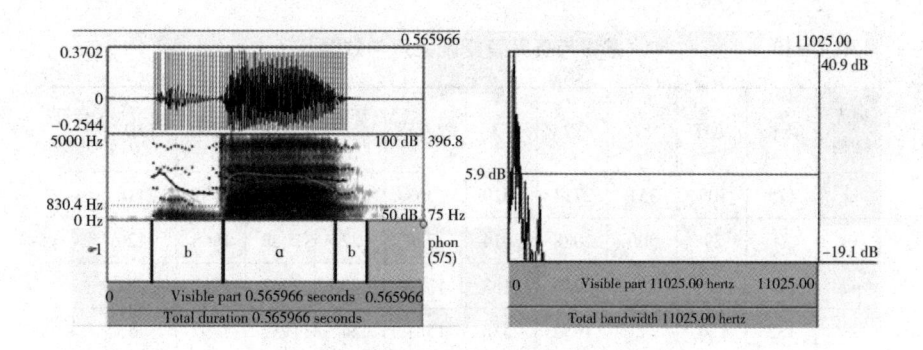

图 4 – 22　辅音 b 的宽带语图和二维频谱图

从图 4 – 22 bab（ﺑﺎﺏ〈名〉章，款项，条）的宽带语图可以看出，浊塞音 b 的音长约为 122 毫秒，平均音强约 64dB。除阻爆破开始的语图纹样有明显的冲直条，在冲直条前有声带颤动产生的共振横杠，因此 b 是浊塞音，VOT 值为负值，时长绝对值约为 119 毫秒。结合宽带语图和 spectral slice 频谱切片图，其频率分布范围 F1 = 665Hz，F2 = 1400Hz，F3 = 2807Hz，F2 – F1 = 745Hz。过渡音征 T2 长度约 44 毫秒，起始点频率 T2on = 1400Hz，终止点即元音 a 的 F2 稳定段起点频率 T2off = 1598Hz，终点与起点的差值 T2D = 198Hz，因此音征的走势为升渡。

实验对塞音与 9 个元音搭配的所有辅元结构分别提取数据（见表 4 – 10）。由数据分析可见，送气清塞音在爆破之后有一段送气段，VOT 为正值，而且由于送气段的存在而使音长也较长，但是后接元音不同，辅音的时长也会不同，例如送气清塞音 t 的最低时长为 56 毫秒，最高时长为 181 毫秒；浊塞音由于在爆破之前声带已经开始颤动，VOT 为负值，也正是由于这段声带颤动的存在，浊塞音的时长并不比送气清塞音短，甚至有时超过送气清塞音的时长。例如，浊塞音 d 的最短时长 21 毫秒，最长时长 163 毫秒。

表4-10　　　　　　　　塞音与各元音搭配之声学数据①

辅元结构	音长	VOT	F1	F2	F3	F2-F1	音征时长	T2on	T2off	T2D	音征走势
pe	115	109	351	2714	3529	2363	30	2714	2832	+118	+
pi	34	29	300	2088	3014	1788	27	2088	1968	-120	-
pæ	70	60	889	2243	3183	1354	50	2243	1962	-281	-
py	132	124	371	1952	2538	1581	24	1952	1797	-155	-
pø	95	90	371	1857	2591	1486	22	1857	1791	-66	-
pɑ	70	66	986	1642	3086	656	25	1642	1530	-112	-
pə	52	46	580	1275	3280	695	35	1275	1125	-150	-
pu	90	82	508	1133	3486	625	24	1133	850	-283	-
po	97	90	868	1344	2344	476	20	1344	808	-536	-
be	107	-89	239	2450	3140	2211	15	2450	2691	+241	+
bi	94	-46	415	1808	2909	1393	46	1808	2043	+235	+
bæ	50	-166	498	1978	2952	1480	19	1978	2021	+223	+
by	169	-116	195	1818	2747	1612	46	1818	1693	-125	-
bø	120	-119	188	1886	3064	1698	59	1886	1688	-198	-
bɑ	122	-119	665	1400	2807	745	44	1400	1598	+198	+
bə	173	-117	684	1229	3222	545	20	1229	1409	+180	+
bu	122	-136	198	1447	2575	1249	53	1447	1201	-246	-
bo	144	-135	377	1084	2936	707	52	1084	740	-344	-
te	181	175	854	2568	3604	1714	12	2568	2745	+177	+
ti	84	78	315	2136	3054	1821	16	2136	2081	-55	-
tæ	103	96	831	2251	3217	1420	31	2251	2072	-179	-
ty	80	72	972	1918	2976	946	36	1918	1735	-183	-
tø	103	94	788	1792	1792	1004	23	1792	1677	-155	-

① 元音声学分析所采用数据为男性发音人声音信号，辅音声学特征研究所用数据为女性声音信号，因此从语图中可见，声音基频高，表中所列数据也比元音声学分析所列数据的数值大。文中采用的声学数据和声学语图为发音人 W1（阿克塞哈萨克族自治县电视台女播音员）的声音信号。

续表

辅元结构	音长	VOT	F1	F2	F3	F2-F1	音征时长	T2on	T2off	T2D	音征走势
tɑ	112	106	963	1742	2967	779	44	1742	1606	-136	-
tə	59	53	748	1594	3428	846	20	1594	1431	-163	-
tu	65	62	274	1217	2940	943	43	1217	1032	-185	-
to	93	87	423	973	3512	550	25	429	739	-234	-
de	163	-157	291	2589	2948	2298	20	2589	2707	+118	+
di	144	-140	622	2139	3131	1517	29	2139	2023	-116	-
dæ	116	-111	482	2197	3196	1715	62	2197	1986	-211	-
dy	99	-93	512	2023	3370	1511	49	2023	1807	-216	-
dø	149	-145	919	2119	3512	1200	50	2119	1831	-288	-
dɑ	131	-123	832	2013	3216	1181	50	2013	1703	-310	-
də	122	-118	758	1971	3340	1213	26	1971	1634	-337	-
du	21	-18	317	1312	3059	995	21	1312	908	-404	-
do	120	-115	404	1366	3127	962	66	1366	870	-496	-
ke	77	69	279	2530	3113	2251	25	2530	2614	+84	+
ki	77	72	303	1988	2916	1685	31	1988	1885	-103	-
kæ	82	74	414	1987	2973	1573	73	1987	1858	-129	-
ky	81	75	489	1707	2946	1218	13	1707	1383	-324	-
kø	89	80	572	1624	3098	1052	25	1624	1286	-338	-
ge	25	-11	366	3214	4266	2848	23	3214	2908	-306	-
gi	27	-23	751	2567	4235	1816	12	2567	2445	-112	-
gæ	32	-27	456	2571	4288	2115	32	2571	2097	-474	-
gy	36	-34	658	1707	3336	1049	33	1707	1611	-96	-
gø	45	-24	245	1386	3026	1141	30	1386	1530	+144	+
qɑ	120	112	1058	1671	3145	613	23	1343	1496	-155	-
qə	138	128	797	1454	3390	657	44	1454	1207	-247	-
qu	120	112	379	1205	3490	826	27	1205	856	-349	-
qo	82	75	731	1150	3435	419	22	1150	797	-353	-

由于塞音是气流完全成阻继而通过爆破除阻而成,因此塞音音

段没有明显的共振峰，实验所提取的共振峰数据为塞音与元音过渡音段起始端的共振峰频率，故而表中 F2 与 T2on 数据相同。虽然过渡音段的共振峰数据由元音发音机制产生，但是过渡段起始端的共振峰与元音稳定段的共振峰分布不同，这必然是受辅音影响所致，因此过渡音段起始端共振峰特点可以一定程度反映辅音发音时舌位前后。从表中数据可见同一辅音与不同元音搭配时，共振峰 F2 – F1 的值因元音不同而不同，且基本反映了元音前后之间的对立，即某一辅音与前元音搭配时 F2 – F1 的值总体大于该元音与后元音搭配时 F2 – F1 的值。例如，辅音 b 与前元音搭配时，F2 – F1 的值为 1312Hz – 2198Hz，而与后元音搭配时，F2 – F1 的值为 598Hz – 1048Hz。这与哈萨克语 9 个元音的舌位前后相对位置一致。也就是说在搭配不同的元音时，辅音调音部位会因为后面所接元音的不同而有所改变，即辅音会受到后接元音协同发音影响。

　　过渡音段起始端到元音稳定段起点之间的共振峰变化轨迹，即过渡音征的走势。过渡音征的起点必然源于辅音的频率，根据过渡音段构成原理可知塞音的强频集中区即 F2 与 F3 之间区域。从表中数据可见，p 的强频集中区在 F2 的最低值 1133Hz 到 F3 的最高值 3529Hz 之间，b 的强频集中区为 1084Hz—3222Hz，t 的强频集中区为 973Hz—3604Hz，d 的强频集中区为 1312Hz—3512Hz，k 的强频集中区为 1624Hz—3113Hz，g 的强频集中区为 1386Hz—4288Hz，q 的强频集中区为 1150Hz—3490Hz。这些辅音与元音搭配时，会在其强频集中区范围内和元音的 F2 之间产生一种过渡趋势，形成过渡音征。从音征走势看，各塞音跟元音搭配时音征走势有升渡也有降渡。由于音征走势由辅音决定，但同时受后接元音的影响。音征起点，也就是后接元音 F2 的起点和音征的终点，即后接元音 F2 稳定段的起点有密切关系。因此音征的走势和音轨可以反映辅音和元音协同的程度，音轨斜率越大，则协同的程度越大，反之协同程度越小。

实验运用 SPSS16.0 统计软件将音征起点（T2on）和音征终点（T2off）的数据进行 2-tailed 相关性分析（见表 4-11），结果显示两组数据呈正相关（$r=0.935$，$p=0.00$，$p<0.01$），即音征起点的数据随着音征终点的数据大小变化而发生相应的变化。

表 4-11　　　　塞音音征起点和终点数据相关性分析结果

		T2on	T2off
T2on	Person Correlation	1	0.935 **
	Sig.（2-tailed）		0.000
	N	50	50
T2off	Person Correlation	0.935 **	1
	Sig.（2-tailed）	0.000	
	N	50	50

注：** Correlation is significant at the 0.01 level (2-tailed).

以此前提，实验运用 Excel 的运算功能计算出各塞音与元音搭配时拟合直线方程的斜率，即音轨方程 $y=kx+b$ 中的参数 k。图 4-23 为浊塞音 b 与各元音搭配时音征起点与终点数据的散点图和音轨方程。

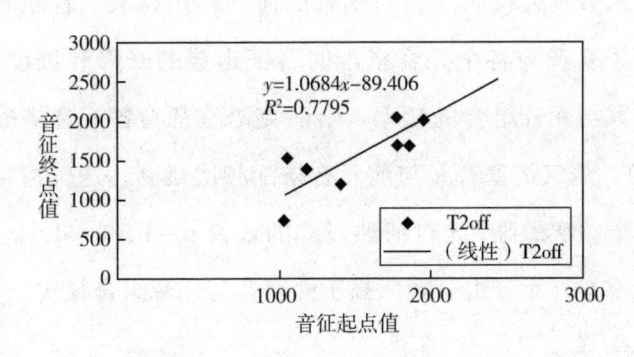

图 4-23　浊塞音 b 与元音搭配时音征起点与终点数据散点图

由于辅音的频率分布在一个范围之内,与元音搭配时受元音影响,音征的起点有时高有时低,但是音征的起点必然是辅音频率范围内一个相对比较集中的理想点,即音轨。根据冉启斌、石锋(2006:46)的论文《从音轨方程考察普通话不送气塞音声母的协同发音》"对拟合线直线函数 $y = kx + b$ 与 $y = x$ 这组二元一次方程进行求解,其解即为音轨的频率值",即 $x = b/(1-k)$。哈萨克语塞音拟合线的斜率、截距和音轨数据见表4-12。

表4-12 通过音轨方程计算出的哈萨克语塞音的斜率、截距和音轨数据(R^2数值的大小反映拟合的优劣程度)

塞音	斜率	截距	音轨	R^2
p	1.1471	-405.13	2754Hz	0.9707
b	1.0684	-89.406	1307Hz	0.7214
t	0.9293	86.439	1223Hz	0.9289
d	1.3903	-1020	2613Hz	0.9777
k	1.4828	-1111.8	2302Hz	0.9955
g*①	0.7682	353.92	1527Hz	0.9371
q	1.7979	-1226.7	1537Hz	0.5725

音轨方程斜率是反映辅元结构中元音对辅音协同作用大小的指标,斜率系数越大说明元音对辅音的协同作用越大。音轨频率的高低则决定了塞音与各个元音搭配时音征走势的升降和坡度的缓急,从而影响其与元音组合的频率。哈萨克语塞音与各元音搭配中(见表4-13),送气清塞音k与前元音搭配频次最高,送气清塞音q与后元音搭配频次最高,3对清浊对立的塞音p-b、t-d、k-g的后两对中清塞音与元音组合频次高于浊塞音与元音组合频次,而p与b

---

① 表中浊塞音g的数据是综合其与5个前元音搭配时的声学数据计算所得,但是实际情况较为复杂,在下文中将进行详细分析。

相比，则是后者与元音组合频次较高。

表4-13　　　　　　哈萨克语塞音后接元音搭配数据

类型	音位	前元音					合计	后元音				合计
		æ	e	i	ø	y		ɑ	ə	o	u	
塞音	清	p	159	409	316	2	8	894	1119	559	9	42	1729
		t	565	2750	2098	265	676	6354	6074	3467	641	752	10934
		k	765	4766	3441	949	1421	11342					
		q	234	1	61	97	70	463	3359	3012	995	1022	8388
	浊	b	235	908	613	261	243	2260	2081	815	350	623	3869
		d	358	2291	1598	62	138	4447	4311	2360	116	77	6864
		g	40	701	849	33	174	1797					

送气清塞音 p 的音轨拟合线斜率1.1471，音轨频率2754Hz，是所有塞音中音轨频率最高的一个，也是所有塞音中与前后元音搭配数量最少的一个。从表4-10的数据分析可见，除与前元音 e 搭配时音征为升渡外，p 与其他元音搭配时音征走势均为降渡。结合 CVC（C）音节中 p 与各元音搭配情况（见图4-24）分析，p 与前元音 ø、y 和后元音 o、u 组合频次极少，而与展唇元音搭配频次较高，一方面是由于 p 是双唇爆破送气音，在完成送气之后再接圆唇元音时，唇形需要做出从展唇到圆唇的调整，难度较大；另一方面是由于这四个元音分别在前元音和后元音中相对舌位偏后，F2 较低，频率较高的 p 音与之搭配时需要完成送气，然后从频率较高的

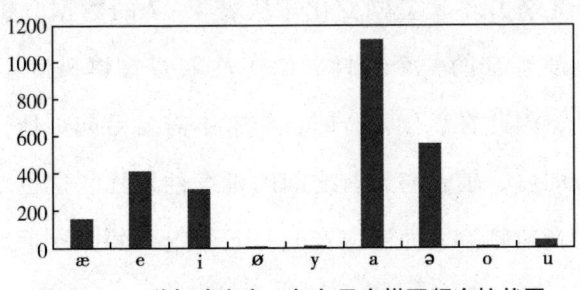

图4-24　送气清塞音 p 与各元音搭配频次柱状图

舌位调整到频率较低的舌位，音轨接轨难度较大。

浊塞音 b 斜率 1.0684，相对较小，音轨频率 1307Hz，相对较低。因此在与前、后元音搭配时，与舌位相对偏前的元音接轨的音征走势为升渡，与舌位相对偏后的元音接轨的音征走势为降渡。也是由于其受元音协同作用较小，且音轨频率居中的缘故，虽为浊塞音，其与元音组合的频次远远高于清塞音 p。

送气清塞音 t 的音轨斜率较小，是受元音协同作用较小的塞音，因此在与元音结合时不会过多受到元音的影响，与元音搭配较为灵活。而从音轨的频率大小结合表 4-7 中音征起点和终点之间的差值 T2D 来看，塞音 t 的音轨频率 1222Hz，在 7 个塞音中居中，无论与前元音还是与后元音搭配时，T2D 的差值也较小，说明 t 能够较为便利地和各元音搭配，而不会因为前元音的 F2 过高或者后元音的 F2 过低难以接轨。因此在所有辅音中，送气清塞音 t 是与元音搭配频次最高的辅音。

浊塞音 d 音轨拟合线斜率 1.3903，音轨频率 2613Hz，因此与元音组合的频次远远低于清塞音 t。在与元音搭配时，与前元音 e 组合的音征走势为升渡，与其他元音组合的音征走势为降渡，且随着元音舌位的后缩，音征起点和终点之间的差值越来越大。但是总体而言，d 与各元音搭配时，音征时长较长，因此尽管 T2D 值较大，但音征走势并不是急剧变化。从表 4-7 的数据分析看，音征时长较长是浊塞音的一个共性。由于浊塞音在爆破除阻之前声带已开始颤动，因此在后接元音时，声带不需要另起炉灶，只需要调整调音部位即可，辅音与元音之间的延续性较强。这也是为什么同样是较高的音轨频率，而浊塞音 b 与元音组合的频次远远高于送气清塞音 p。

送气清塞音 k 音轨拟合线斜率 1.4828，音轨频率 2302Hz，不仅音轨频率较高，且受元音协同作用较大，与前元音 e 组合时音征走势为升渡，与其他前元音组合时音征走势皆为降渡，且随着元音舌位后缩，音征起点与终点之间的差值越来越大。因此，k 虽为舌根音，但其音轨频率较高，若与舌位偏后的后元音组合，则音轨较难相接。而另外，在哈萨克语中有一个小舌音 q，二者发音部位较为接近，但此音音轨频率较低，更易与舌位偏后的后元音组合，这也是哈萨克语语法规定 k 只能与前元音搭配的原因。

从表 4-12 的数据来看，浊塞音 g 音轨拟合线斜率 0.7682，音轨频率 1527Hz。从这一数据分析，浊塞音 g 不易受到元音协同作用影响，而且音轨频率居中。但是，从表 4-10 中 g 与各元音搭配时的数据分析，g 与 5 个前元音的搭配情况可以分为两组，与前元音 e、i 和 æ 搭配时，音征起点的频率值较高，且音征走势均为降渡，而与前元音 y 和 ø 搭配时，音征起点的频率值较低，与 y 的音征走势接近平渡，与 ø 的音征走势甚至为升渡。这主要是由于前元音中的前三个元音舌位偏前，F2 值较高，而后两个元音舌位偏后，F2 值相对较低，为了实现与它们的衔接，在发音时 g 的音轨频率发生了调整，分成了两条音轨。与前三个元音组合时，实际音轨频率值约 2600Hz，与后两个元音组合时，实际音轨频率值约 1500Hz。这也说明，与清塞音 k 相似，浊塞音 g 的实际音轨频率值较高，与 F2 频率值偏低的元音组合时，音轨难以衔接。因此在哈萨克语中只与舌位偏前的前元音组配。

送气清塞音 q 的音轨拟合线斜率最大，是受元音协同作用最大的塞音，虽然它的音轨频率不是最小的，但是由于 q 为小舌音，是调音器官最靠后的位置，在完成爆破除阻之后再与舌位偏前即 F2 较高的前元音相接则难度较大，因此 q 多与 F2 较低的后元音相接，而与前元音搭配概率较少。即使与前元音有搭配的现象，也只是与舌位相对偏后、偏低的前元音，如 æ 组合的较多，而与舌位最前的元音 e 则没有组合现象。

综合上述分析，在哈萨克语 CV［C（C）］结构中，塞音与前元音搭配频次高低顺序为：k＞t＞d＞b＞g＞p＞q；与后元音搭配频次高低顺序为：t＞q＞d＞b＞p。除去舌根音 k、g 音轨频率高，斜率系数高，只能与前元音搭配，小舌音 q 音轨频率低，斜率系数高，一般与后元音搭配外，其他两组清浊对立的塞音中，舌尖前音与元音搭配频次整体高于双唇音与元音搭配频次。其中 t 的音轨频率较小，斜率系数最小，与元音搭配频次最高，p 斜率系数较小，但音轨频率最高，与元音搭配频次最低。

结合第三章（第三节）中各塞音与前、后各元音搭配频次高低分析，各塞音与元音搭配频次高低与元音舌位前后关系密切。首先，从塞音与后元音的搭配来看，后元音舌位整体偏后，F2 值较低，塞音与后元音搭配时除浊塞音 b 外，其他塞音的音征走势都为降渡，频次高低呈明显规律性，即随着舌位后缩，塞音与后元音搭配频次越来越低，如 pɑ＞pə＞pu＞po。塞音与后元音搭配频次高低与后元音舌位相对前后成明显正比关系，如图 4 - 25 所示。而从塞音与前元音的组合来看，前元音舌位整体偏前，F2 值偏高，塞音与前元音搭配时音征走势有升渡也有降渡，因此在与前元音组合中，只有音轨频率最高的清塞音 p 和浊塞音 d 与前元音的组合频次和舌位相对前后成正比关系：pe＞pi＞pæ＞py＞pø，de＞di＞dæ＞dy＞dø，而其他几个塞音共同的特点是与前高元音 e 和 i 的搭配频次最高，与其他几个前元音搭配的频次高低没有统一规律。音轨频率和斜率系数都较低的清塞音 t 和浊塞音 b 与前元音搭配频次高低顺序一致：te > ti > ty > tæ > tø，be > bi > by > bæ > bø，其中元音 æ 舌位比 y 相对偏前，但是舌位偏低。舌根清塞音 k 与前元音中舌位最低的 æ 组合频次最低：ke > ki > ky > kø > kæ，舌根浊塞音 g 与前元音组合频次高低顺序与其他辅音差别较大：gi > ge > gy > gæ > gø。从以上塞音与前元音的搭配频次高低综合来看，虽然塞音与前元音的搭配数量与舌位前后没有呈正比关系，组合频次的高低也可能受到其他音素的制约，但是塞音的音轨频率和元音第二共振峰，即舌位前后之间的相互作用是影响塞音与前元音搭配频次的主要音素。这一点从小舌清塞音 q 与前元音的搭配频次可以得到进一步证实。清塞音 q 由于音轨频率较低，音轨方程拟合线斜率大，因此一般与后元音组合，但是也有与前元音搭配的现象。而其与前元音搭配频次高低顺序为：qæ > qø > qy > qi > qe，这一顺序和舌根清塞音 k 与前元音搭配频次高低顺序恰好是相反的，即舌位从后到前，从低到高。因此整体而言，塞音与元音搭配数量的多少受塞音音轨频率值和元音舌位前后的影响。

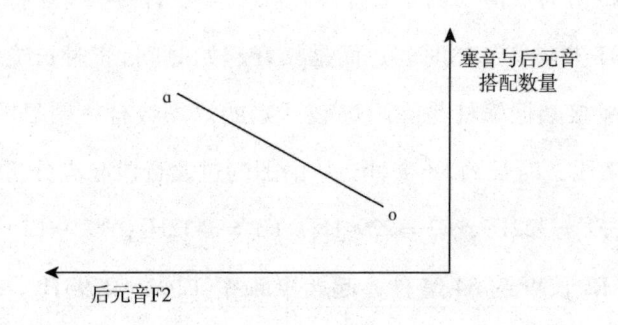

图 4 - 25 塞音与后元音搭配频次与元音舌位关系图

二 塞擦音

塞擦音以塞音开始以擦音结束，但视为一个独立音位。构成塞擦音的塞音和擦音必须是同一发音部位产生的音，即同部位音（homorganic）（Peter Roach，2016：49）。塞擦音兼有塞音和擦音的声学特征，但又与它们有所差异。塞擦音和塞音一样有持阻段和除阻段，其声学特征跟同发音部位的塞音相似；同时塞擦音跟擦音一样有摩擦段，且摩擦段的频谱模式跟同发音部位的擦音频谱模式相似。

哈萨克语中有两个塞擦音，分别是清塞擦音 ʧ 和浊塞擦音 ʤ。由于哈萨克语中 ʧ 主要用于外来语词汇的拼写，因此不列为本研究内容。

浊塞擦音 ʤ 理论上由浊塞音 d 和擦音 ʒ 组成，但擦音 ʒ 的发音部位为舌叶，因此这里的浊塞音 d 不再是舌尖前音，而是舌位偏后。从声学语谱图上可以清楚地看到浊塞擦音 ʤ 的持阻段，爆破冲直条和随后的擦音段。例如，从图 4-26 ʤam（ ⟨名⟩ 坑，暗洞）的语图分析浊塞擦音 ʤ 的音长约为 130 毫秒，平均音强约为 63dB。音段开始为持阻段，明显显示为声带颤动产生的共振横杠，说明 ʤ 是浊音，VOT 值为负值（由于塞擦音在除阻段之后为噪音摩擦段，因而此处的 VOT 非嗓音起始时间，而是噪音起始时间），时长绝对值约为 68 毫秒。紧接共振横杠是除阻爆破开始的语图纹样，明显的冲直条，然后是摩擦段，时长约 58 毫秒。从语图的过渡音段起点分析，其频率分布范围 F1 = 722Hz，F2 = 2294Hz，F3 = 3432Hz，F2 - F1 = 1572Hz。过渡音征 T2 长度约 64 毫秒，起始点频率 T2on = 2294Hz，终止点频率 T2off = 1782Hz，终点与起点的差值 T2D = -512Hz，因此音征的走势为降渡。

浊塞擦音 ʤ 在词首时有明显的清化现象，尤其是与前元音搭配时清化现象比较明显。在实验采集的声音信号中，ʤ 后接前元音 e、

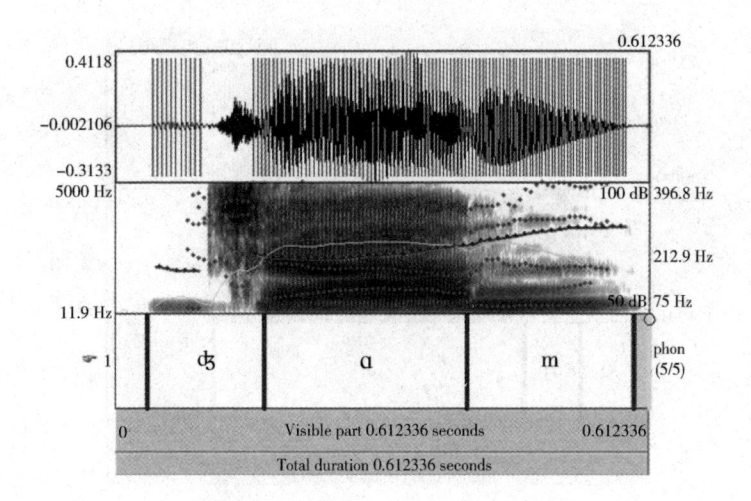

第四章 哈萨克语音段声学特征与语音和谐发音机制

图 4-26 浊塞擦音 ʤ 的宽带语谱图

æ、ø 时都有清化现象。如图 4-27 ʤæ（لَأْ〈叹〉表示说话者的语气，包含说，命令，请求，警告，安慰等意）的语谱图。浊塞擦音 ʤ 清化之后，闭塞段之后依然有明显的爆破冲直条，之后是摩擦乱纹，但是冲直条之前没有声带颤动产生的共振横杠，说明 ʤ 在这里变成了清塞擦音。此处，ʤ 音的时长为 63 毫秒，VOT 值为 0，摩擦段时长 56 毫秒，过渡音段起点共振峰频率分别为 F1 = 277Hz，F2 = 2343Hz，F3 = 2873Hz，F2 - F1 = 1797Hz，过渡音征时长约 80 毫秒，时长较长，走势缓平。音征起点频率 T2on = 2343HZ，音征终点频率 T2off = 2016Hz，起点与终点之间的差值 T2D = -327Hz，音征走势为降渡。

实验对塞擦音与 9 个元音搭配的所有辅元结构分别提取数据（见表 4-14）。数据分析显示，由于浊塞音由持阻段、除阻段和摩擦段三部分构成，因此音长较长。VOT 时长较浊塞音 d 的 VOT 时长要短，其中在 ʤæ 和 ʤø 两组结构中，由于浊音清化，VOT 为零值。浊塞音 ʤ 的摩擦段时长为 50—86 毫秒。

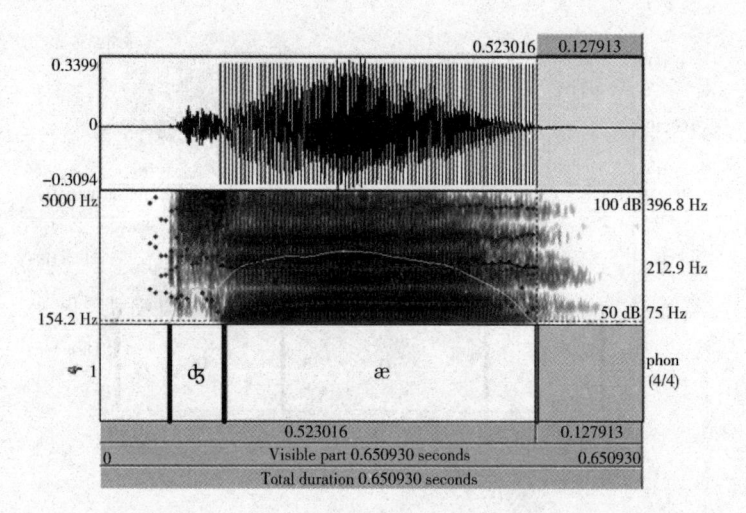

图 4 - 27　浊塞擦音 ʤ 清化现象示范图

表 4 - 14　　　　浊塞音 ʤ 与前后元音搭配时的声学参数

辅元结构	音长	VOT	摩擦时长	F1	F2	F3	F2 - F1	音征时长	T2on	T2off	T2D	音征走势
ʤe	156	-84	66	309	2530	3490	2221	50	2530	2695	+165	+
ʤi	147	-82	65	150	2427	3735	2277	48	2427	2240	-187	-
ʤæ	63	0	56	277	2343	3407	2066	107	2343	2016	-327	-
ʤy	195	-119	58	817	2264	3470	1447	94	2264	1813	-451	-
ʤø	91	0	85	416	2213	2873	1797	80	2213	1809	-404	-
ʤɑ	130	-68	58	722	2294	3432	1572	64	2294	1782	-512	-
ʤə	154	-59	86	699	2171	3144	1472	41	2171	1624	-547	-
ʤu	153	-68	80	748	2249	3561	1501	48	2249	1192	-1057	-
ʤo	128	-73	50	570	2060	3319	1490	42	2060	873	-1187	-

　　从过渡音段起点的共振峰频率分布来看，浊塞音 ʤ 的频率分布在 2060Hz 和 3735Hz 之间，F2 - F1 的值明显体现了 ʤ 后所接前后元音的相对舌位变化。但是过渡音段是辅音与元音的结合处，体现了辅音和元音之间的相互影响，随着后接元音的不同，过渡段的起点频率时而高时而低，此处 ʤ 的频率 2060Hz—3735Hz 必然是受到后

第四章　哈萨克语音段声学特征与语音和谐发音机制

续元音协同作用影响。

由于 ʤ 是塞擦音，同擦音一样其频率主要分布在摩擦段，因此实验运用 Praat 对 ʤ 音的摩擦段进行 spectral slice 频谱分析，以 ʤɑm 为例（见图4-28）。结果显示其摩擦段频率分布区域为156Hz—10766Hz，振幅能量分布在 -26.4dB 和 33.6dB 之间，而其中能量最强频率分布范围为 3124Hz—4761Hz，中心点在 4113.78Hz。由此可见，浊塞擦音 ʤ 的强频集中区频率高于所有塞音的强频集中区频率。

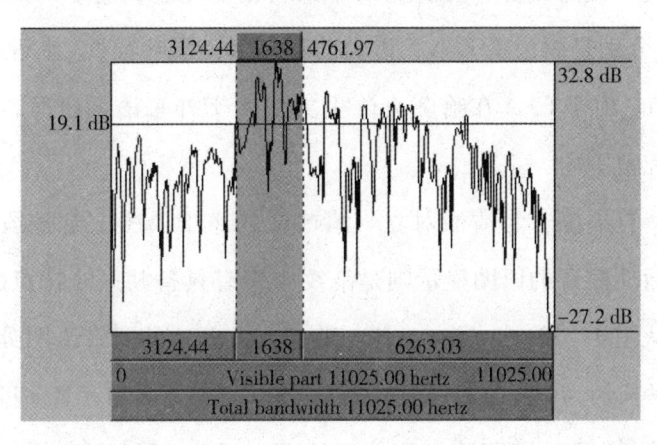

图4-28　浊塞擦音 ʤ 的二维频谱图

从过渡音征特点来看，浊塞擦音 ʤ 与元音搭配时过渡音征起点和终点之间的差值 T2D 较大，且随着元音舌位后缩，这个数值逐渐变大，但是由于过渡音征时长较长，因此音征走势并不十分陡峭，也说明辅音和元音之间的协同作用较大。而 ʤ 分别与前后元音搭配的频次高低顺序为：ʤe > ʤi > ʤy > ʤæ > ʤø > ʤɑ > ʤɤ > ʤu > ʤo。与塞音 t 和 b 一样，在与前元音的搭配中 ʤ 与前高元音 e、i 搭配的频次最高，与圆唇前元音 ø 搭配频次最低，而与舌位前后位置相近的前元音 æ 和 y 搭配时，则与舌位较高的 y 组合频次高于与舌位最低的前元音 æ 的组合频次。和所有塞音一样，在与后元音的搭配中，

ʤ 与后元音组合频次高低与后元音舌位前后顺序呈正比关系。因此哈萨克语塞擦音与元音搭配频次的高低不是单单取决于辅音特点或者元音特征,而是二者相互作用的结果。

三 擦音

擦音是由肺部的气流在口腔受到调音器官的阻碍,从狭窄的缝隙通过而形成的噪音。哈萨克语中共有清浊对立的擦音 8 个(见表 4-9),分别是唇齿音 f、v,舌尖前音 s、z,舌叶音 ʃ,小舌音 χ、ʁ 和喉音 h。由于 f、v 在哈萨克语中主要用于外来语词拼写,因此不在本研究范围内。

哈萨克语擦音为清浊对立。清擦音的声学语图上摩擦段显示为乱纹,而浊擦音的语图显示则是乱纹中带有具备共振峰特点的横杠。例如,从图 4-29 sel (سел 〈名〉洪水,大水) 的宽带语图分析清擦音 s 的时长约为 168 毫秒,平均音强 68dB。擦音 s 与元音 e 过渡音段起点共振峰 $F1 = 270Hz$,$F2 = 2452Hz$,$F3 = 3355Hz$,$F2 - F1 = 2182Hz$。过渡音征时长约 30 毫秒,起始点频率 $T2on = 2452Hz$,终止点频率 $T2off = 2696Hz$,终点与起点的差值 $T2D = 244Hz$,音征走势为升渡 (+)。在摩擦段从低频到高频分布着颜色由浅到深的乱纹,即清擦音 s 的频谱能量。从语图中可见,在低频区域乱纹的颜色浅,此区域的频谱能量弱;随着频率增高,乱纹的颜色由浅入深,频谱能量增强。

从展开的二维频谱图上可见(见图 4-30),清擦音 s 的能量分布范围广,为 14.06Hz—10988.45Hz,振幅能量为 -25.7dB—34.3dB。但是在 1138.48Hz 以下区域能量非常弱,甚至是逐渐衰弱,从此以上区域能量才随着频率的增加而变强。其能量最强区域分布在

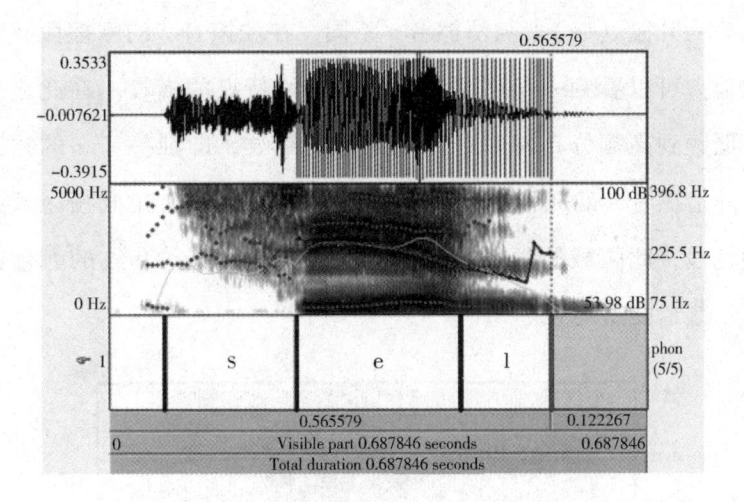

第四章 哈萨克语音段声学特征与语音和谐发音机制

图 4-29 清擦音 s 的声学语谱图

8492Hz 和 9459Hz 之间，能量最强点约为 8919Hz，振幅 34.3dB，即谱重心的位置。

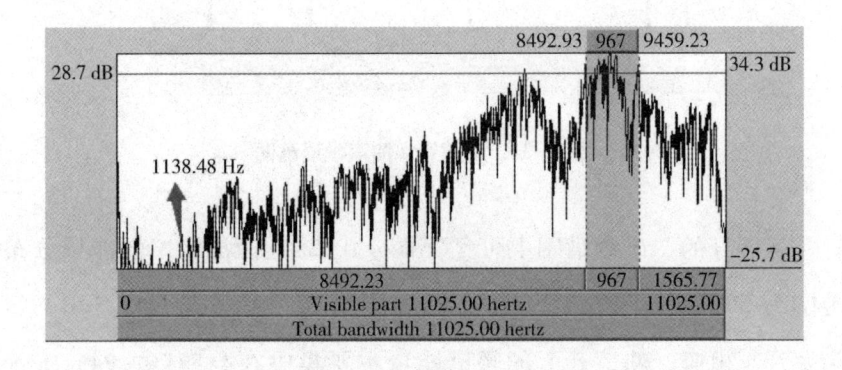

图 4-30 清擦音 s 的二维频谱图

从图 4-31 zal（山）〈名〉大厅，厅堂，礼堂）的宽带语图分析浊擦音 z 的时长约 215 毫秒，平均音强 66dB。擦音 z 与元音 a 过渡音段起点共振峰 F1 = 455Hz，F2 = 1235Hz，F3 = 2939Hz，F2 - F1 = 780Hz。过渡音征时长约 29 毫秒，音征起始点频率 T2on = 1235Hz，终点频率 T2off = 1592Hz，终点与起点之间的差值 T2D = 357Hz，音征走势为升渡（+）。与清擦音 s 不同，在浊擦音 z 的摩擦段频率最低的地方可以看到一条明显的具备共振峰特点的横杠。在此之上区域从低频到高频分布着颜色由浅到深的乱纹，即浊擦音 z 的频谱能量。同清擦音 s 的频谱特征相似，从语图中可见，在低频区域乱纹的颜色浅，此区域的频谱能量弱；随着频率增高，乱纹的颜色由浅入深，频谱能量增强。

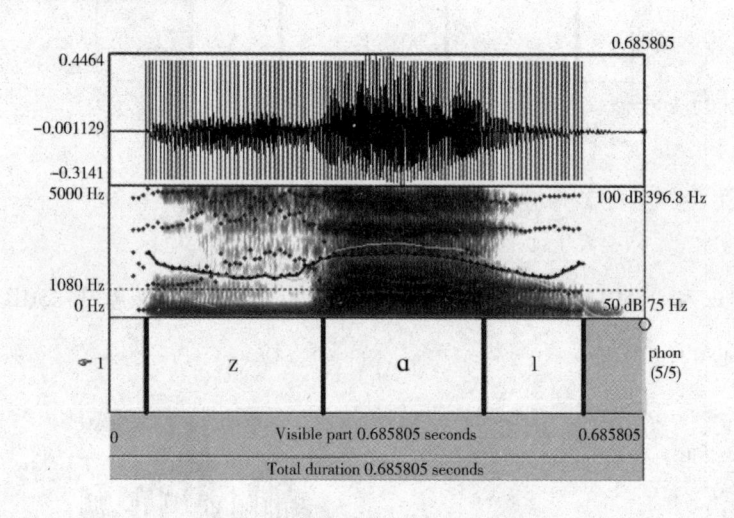

图 4-31　浊擦音 z 的声学语谱图

从展开的二维频谱图上可见（图 4-32），浊擦音 z 的能量分布范围为 59.04Hz—10920.99Hz，振幅能量为 -17.5dB—42.5dB。与清擦音 s 相似，浊擦音 z 的频谱能量主要集中在高频区，9442Hz—10248Hz，能量最强点约为 9955.62Hz，振幅能量 28.8dB，即谱重心的位置。但是与清擦音 s 不同的是在浊擦音 z 的低频区，约 166Hz 位置有一个能量极强的波峰，这就是浊音的表现。

实验提取了哈萨克语 6 个擦音与各个元音搭配时的声学数据（见表 4-15），结果显示擦音的平均时长比塞音长，是无可争议的延音。

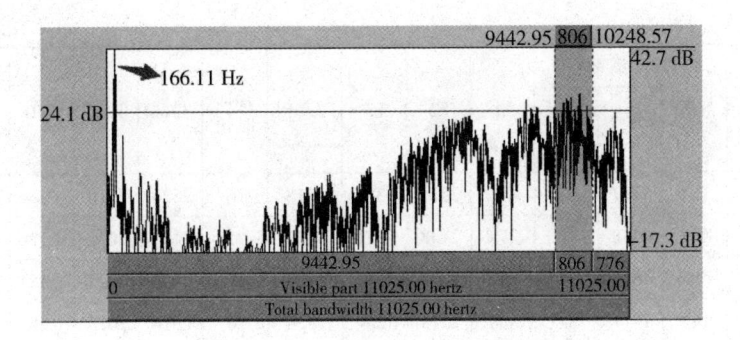

图 4−32 浊擦音 z 的二维频谱图

表 4−15　　　　哈萨克语擦音与元音搭配时的声学数据

辅元结构	音长	谱重心 频率（Hz）	谱重心 振幅（dB）	F1	F2	F3	F2−F1	音征时长	T2on	T2off	T2D	音征走势
se	168	8919	34	270	2452	3355	2182	30	2452	2696	+244	+
si	223	9074	36	364	1977	3169	1613	19	1977	1885	−92	−
sæ	210	9515	36	766	2176	3296	1410	31	2176	2010	−166	−
sy	236	8821	29	277	1916	3268	1639	38	1916	1799	−117	−
sø	193	8870	34	280	2005	3413	1725	10	2005	1942	−63	−
sɑ	141	9581	38	809	1814	3331	1005	47	1814	1470	−344	−
sə	194	9624	42	394	1368	3387	974	8	1368	1208	−160	−
su	225	8171	21	302	1439	3459	1137	25	1439	1093	−346	−
so	193	9798	18	375	1038	3092	663	62	1038	858	−180	−
ze	179	9383	44	252	2485	3583	2233	62	2485	2788	+303	+
zi	169	8843	35	244	1963	3490	1719	36	1963	1962	−1	−
zæ	150	8865	19	219	2035	3426	1816	52	2035	1999	−34	−
zø	159	7214	28	314	1928	2722	1614	69	1928	1611	−317	−
zy	214	7154	27	140	1586	3217	1446	51	1959	1232	−727	−
zɑ	215	9955	29	455	1235	2939	780	29	1235	1592	+357	+
zə	213	8929	43	524	1627	2906	1103	44	1627	1753	+126	+
zu	176	9754	28	190	1141	3132	951	78	1141	725	−416	−
zo *	268	3961	21	205	1394	3696	1189	104	1394	910	−484	−

续表

辅元结构	音长	谱重心		F1	F2	F3	F2-F1	音征时长	T2on	T2off	T2D	音征走势
		频率(Hz)	振幅(dB)									
ʃe	157	5437	40	411	2524	3355	2113	16	2524	2710	+186	+
ʃi	132	4438	40	278	2148	2871	1870	25	2148	2022	-126	-
ʃæ	98	4677	34	651	2056	2978	1405	16	2056	1875	-181	-
ʃy	143	7411	33	888	2314	3289	1426	20	2314	2028	-286	-
ʃø	148	6044	34	256	2110	2786	1854	12	2110	1920	-190	-
ʃɑ	121	4634	26	1088	1851	3040	762	42	1851	1487	-364	-
ʃə	143	4330	35	450	1731	3149	1281	32	1731	1657	-74	-
ʃo*	128	1336	30	381	1175	2904	794	19	1175	925	-250	-
χɑ	94	3213	24	980	1758	3108	778	20	1758	1406	-352	-
χu*	95	3963	15	335	899	3274	564	23	899	812	-87	-
ʁɑ	146	4178	12	791	1763	2954	972	53	1763	1539	-224	-
ʁə	107	4221	8	334	1478	3394	1414	15	1478	1287	-191	-
ʁu	86	5513	6	297	893	3876	596	44	893	842	-51	-
ʁo*	103	3744	3	275	779	3459	504	24	779	728	-51	-
he*	132	4221	23.2	297	2540	3084	2243	23	2540	2525	-15	-
hæ	158	1748	30	440	1786	3126	1346	25	1786	1789	+3	+
hɑ	124	1726	25	950	1795	3212	845	18	1795	1602	-193	-

与塞音一样，过渡音段起点共振峰 F2，即过渡音征起点值 T2on，和后接元音的第二共振峰 F2，即过渡音征的终点 T2off 之间成正比关系（表 4-16）（$r=0.0942$，$p=0.000<0.01$），而过渡音段起点共振峰 F2-F1 的值也基本反映前后元音之间舌位的相对前后对立，即说明擦音与元音衔接时二者之间的相互影响。擦音与元音衔接的过渡音征走势有升渡也有降渡，但是多个辅元结构的过渡音征起点与终点之间的差值 T2D 很小，甚至接近零值（如辅元结构 zi 的 $T2D=-1$），过渡音征的时长较难判断，过渡音征的走势几乎为平渡，说明该辅音和元音发音时舌位变化不大。这一现

象与塞音相比较为突出。从理论上说，辅音位于元音前产生的前过渡音段的音征走势与辅音位于元音后产生的后过渡音段的音征走势方向相反，但是音征起点和终点之间的差值不变，而擦音和元音之间过渡音段接近平渡的现象较多，这一特点可以作为 VC（C）和 CVC（C）结构中元音后接擦音的数量多于后接塞音数量的解释之一。

表4－16　　　　擦音音征起点和终点数据相关性分析结果

		T2on	T2off
T2on	Person Correlation	1	0.942**
	Sig.（2-tailed）		0.000
	N	32	32
T2off	Person Correlation	0.942**	1
	Sig.（2-tailed）	0.000	
	N	32	32

注：**Correlation is significant at the 0.01 level（2-tailed）.

从谱重心的频域分布来看，舌尖前擦音 s 和 z 的谱重心在8000Hz—10000Hz 高频区，舌叶擦音 ʃ 的谱重心在4000Hz—8000Hz，小舌音 χ 和 ʁ 的谱重心在3000Hz—6000Hz，喉擦音 h 的谱重心在1800Hz 左右。总体来看，擦音谱重心的频域分布趋势是随着调音部位的后移，谱重心的频域逐渐前移到低频区。这与吴宗济、鲍怀翘和林茂灿（2004：154）在《实验语音学概要》中对汉语普通话擦音的研究结果基本一致。《概要》中提出擦音的下限频率的不同反映了舌位前后的不同，"大致说来，舌位愈前，下限愈高"。这两个不同角度反映出的特征是一样的，谱重心的频域前移，三维语图上频率分布的下限必然要低，舌位偏后；反之，谱重心的频域位于高频区，三维语图上频率分布的下限必然高，舌位偏前。

但是本实验结果显示哈萨克语擦音的谱重心频域分布会受到后

接元音的影响，尤其是后接后元音 o 和前元音 e 时。表 4-15 的数据中清擦音 s 在后接元音时谱重心的频域变化不大，但是浊擦音 z 在后接后元音 o 时出现谱重心位于 3961Hz 的现象（见图 4-33），与后接其他元音时谱重心的位置差距较大，谱重心明显前移。舌叶清擦音 ʃ 后接后元音 o 时，在实验采集的语音信息中只有在音节 ʃom 中其谱重心位于 6181.27Hz，振幅 23.5dB，在其他音节中其谱重心位置均前移到低频区，例如 ʃoj（1385.82Hz，20.0dB），ʃoq（1335.52Hz，29.9dB），ʃoŋ（1189.98Hz，18.7dB）。在浊擦音 ʁ 与四个后元音的搭配中，后接元音 o 时，谱重心的频域明显比与其他元音搭配时低（见表 4-15）。而从喉擦音 h 与三个元音搭配时谱重心的频率变化对比分析，其与前高元音 e 搭配时谱重心位于 4221Hz，跟 h 与另外两个元音搭配时的谱重心频率相差较大。通过擦音与哈萨克语中舌位最前的元音 e 和舌位最后的元音 o 搭配时谱重心位置的偏离分析，进一步可以证明随着舌位后缩擦音的谱重心位置前移，同时也说明哈萨克语擦音的不稳定性，受后接元音影响较大。

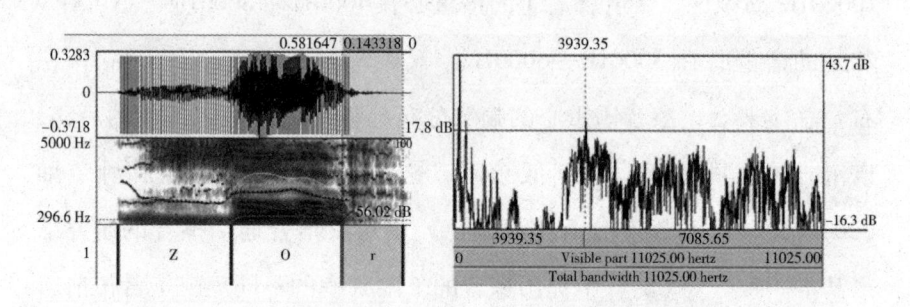

图 4-33　浊擦音 z 后接元音 o 时的三维语图与二维频谱图

另外，在哈萨克语擦音中有两个比较特殊的音。一个是舌叶清擦音 ʃ，一个小舌是清擦音 χ。清擦音 ʃ 的特殊在于其与清塞擦音 ʧ 之间的音变现象。《哈萨克语简志》中提到"ʃ 位于词首和辅音后时，口语中读成 tʃ，如 ʃal～tʃal'老头儿'，malʃə～maltʃə'牧民'。位于元音间即音节尾时读成 ʃ，与文字一致，如 køʃe'街道'，meʃ'炉子'等"（耿世民 & 李增祥，1985：6）。杨波、周妍（2013）运用实验语音学分析方法对这一音变现象进行了分析，证实了"所有以/ʃ/为开头的音节，两名发音人均发作/tʃ/，在语图中能得到明显反映，即表现出'先塞后擦'的声学特征"，并提出这一音变现象是符合"省力便捷原则"的语音和谐现象。

本实验对位于词首（如，ʃam شا 〈名〉羞辱，耻辱）和词尾[如 heʃ هەش 〈代〉（用于加重否定语气）一点也（没有，不）]的清擦音 ʃ 分别提取数据（见图 4-34），结果显示位于词首时，听辨上确实发生音变，且语图上可以看到明显的塞音冲直条。但是由于擦音 ʃ 和塞擦音 tʃ 的发音部位相同，因此其摩擦段的频谱特征是极其相似的，ʃam 中擦音谱重心的位置 4321.77Hz，heʃ 中擦音谱重心的位置 4354.39Hz，谱重心基本位于同一频域之内。因此无论擦音 ʃ 是否发生音变，其摩擦段的声学特征是基本不变的，实

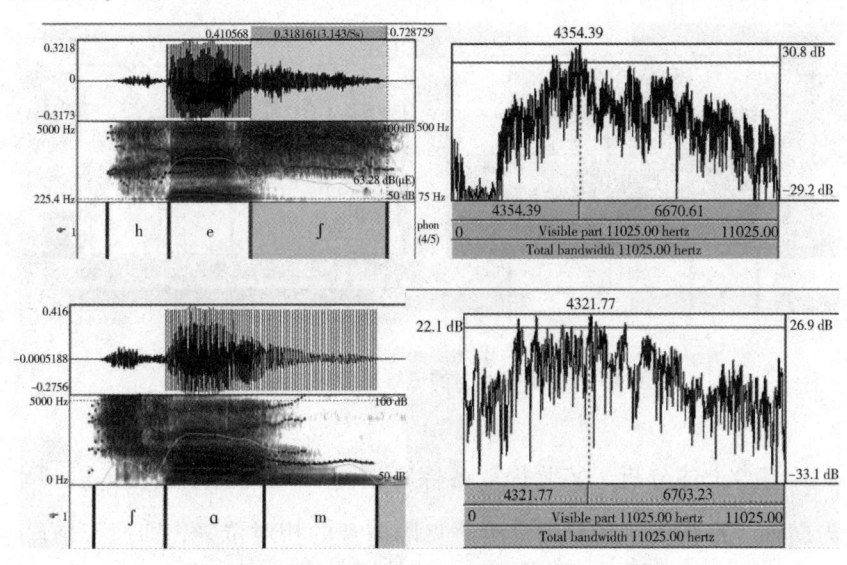

图 4-34 清擦音 ʃ 位于词首和词尾时对比语图

验在提取数据时只考虑摩擦段的声学数据,而不区分是否发生音变。

小舌清擦音 χ "在口语中尚不稳定,常为 q 代替,如 χaləq ~ qaləq '人民',raχat ~ raqat '舒适'等"(耿世民 & 李增祥,1985:6)。实验采集的数据显示,清擦音 χ 带有塞擦音的特征,从三维语图上可以看到较明显的塞音冲直条(见图 4 - 35)。后接元音时 χ 的频谱呈现不同特点,而且谱重心的位置变化较大。例如在音节 χa 中,谱重心的位置在 1385.72Hz,在音节 χan 中,谱重心的位置在 4484.36Hz。在后接元音 u 时,听觉上有明显的浊音特性,从三维语图和二维频谱图上可以看到其类似于浊擦音的特征,即在低频处有振幅较高的波峰出现(见图 4 - 36)。在音节 χup 中,除去低频段的波峰,谱重心的位置约在 3963Hz,而在音节 χut 中,除去低频段的波峰,谱重心的位置则达到约 6214Hz。参考其相对应小舌浊擦音的频谱特点,实验选择提取 3000Hz—4000Hz 的数据作为 χ 的谱重心参数。

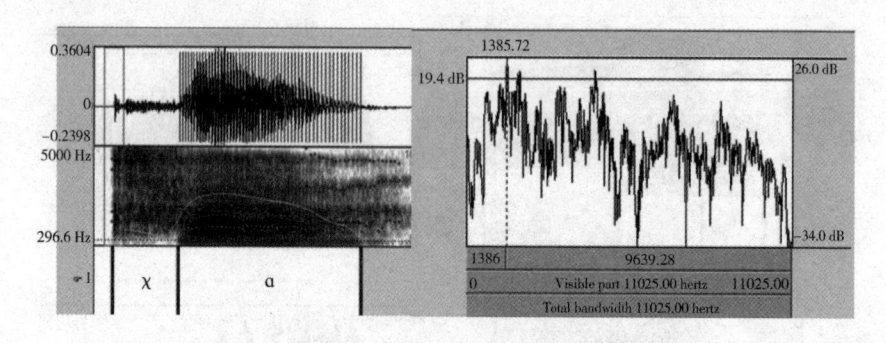

图 4 - 35 清擦音 χ 的三维语图和二维频谱图

综合上述分析,实验提取各擦音谱重心位置的平均值,以频率为横轴,振幅为纵轴,建立哈萨克语擦音的相对位置,即擦音格局。平均值的提取采取多数原则,排除各擦音频谱特征的特殊情况,所

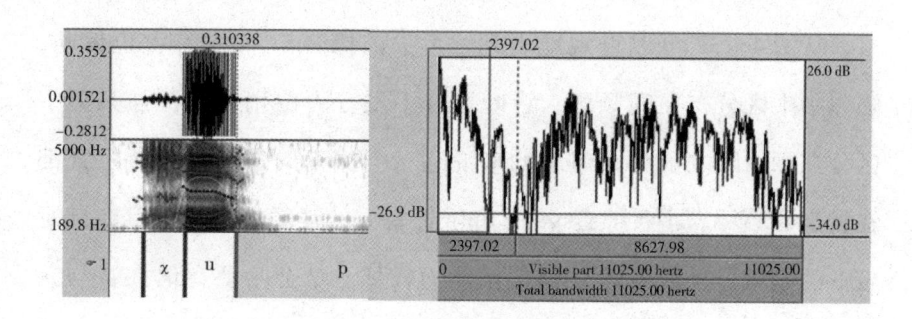

图4-36 χ后接元音u时的三维语图和二维频谱图

得数据见表4-17,图4-37即以此为基础构建的哈萨克语部分擦音格局图。

表4-17　　　　　　　　擦音谱重心分布数据

擦音		谱重心	
发音部位	音位	频率（Hz）	振幅（dB）
舌尖前	s	9155	32
	z	9288	34
舌叶	ʃ	5282	35
小舌	χ	3588	20
	ʁ	4414	7
喉	h	1737	28

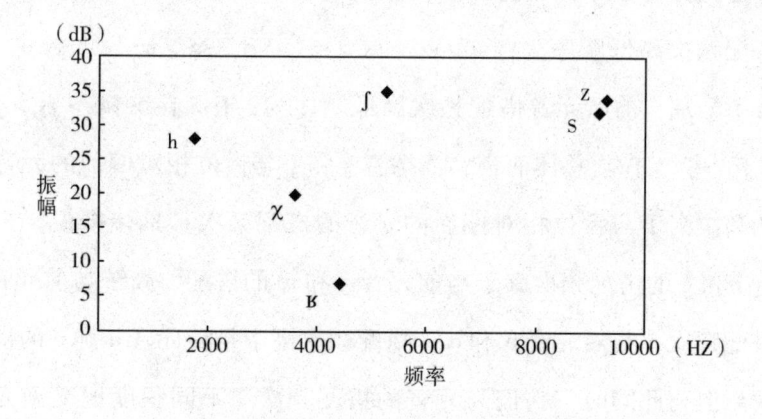

图4-37 哈萨克语部分擦音格局图

从图 4-37 可以直观地看到，舌尖前擦音 s、z 发音舌位偏前，强频集中区分布在高频区，舌叶擦音 ʃ 发音舌位稍偏后，强频集中区分在频域随之前移，但总的来说这三个擦音的强频集中区位置都在较高的频域。小舌擦音 χ、ʁ 和喉擦音 h 的强频集中区位置在相对较低的频域，且浊擦音 ʁ 的振幅能力较低。结合哈萨克语擦音与元音搭配情况分析（见表 4-18），在这 6 个擦音中强频集中区在高频域的 s、z、ʃ 与元音搭配的频次远高于强频集中区在低频区的 χ、ʁ、h 与元音的组合频次。

表 4-18　　　　　　　　哈萨克语擦音后接元音搭配数据

类型		音位	前元音					后元音			
			æ	e	i	ø	y	ɑ	ə	o	u
擦音	清	s	197	747	1562	102	540	1758	2790	363	624
		ʃ	136	828	1073	131	134	1727	2187	317	244
		χ	59	6	2	2	1	137	10	6	9
		h	14	5	1	0	1	22	1	0	0
	浊	z	113	310	259	7	42	566	349	28	82
		ʁ	75	3	16	0	2	1250	1580	3	144

对比分析各擦音与各元音的搭配情况，清擦音 s 分别与前后元音搭配频次高低顺序为：si > se > sy > sæ > sø，sə > sɑ > su > so。清擦音 ʃ 分别与前后元音搭配频次高低顺序为：ʃi > ʃe > ʃæ > ʃy > ʃø，ʃə > ʃɑ > ʃo > ʃu。总体而言，清擦音 s 和 ʃ 与舌位相对偏前的元音搭配的频次高于与舌位相对偏后的元音的搭配频次。具体来说，与前元音 i 和 e 的搭配频次高于与前元音 y 和 æ 的搭配，高于与前元音 ø 的搭配频次；与后元音 ə 和 ɑ 的搭配频次高于与后元音 u 和 o 的搭配频次。但与此同时，它们与元音的搭配频次又不同程度地受到元音舌位相对高低的影响，例如，si > se，sy > sæ，sə > sɑ，su > so，都

是与相对高舌位元音的搭配频次高于与相对低舌位的元音的搭配频次。浊擦音 z 分别与前后元音组合频次高低顺序为：ze > zi > zæ > zy > zø, zɑ > zə > zu > zo，组合频次的高低与元音舌位相对前后位置呈正比关系，即元音舌位越前组合频次越高，反之组合频次低。在 χ、ʁ、h 三个强频集中区分布在低频区的擦音中，清擦音 χ、h 与舌位偏央的前元音 æ 和后元音 ɑ 组合频次最高，与其他元音的搭配很少。而浊擦音 ʁ 不仅强频集中区分布的频域低，而且振幅能量低，与后元音搭配的频次较高，其中主要是与展唇后元音 ə 和 ɑ 的组配。ʁ 与前元音搭配的现象较少，且主要集中在舌位相对偏央的展唇前元音 æ 和 i。

综合上述分析，强频集中区的频域分布是影响哈萨克语擦音与元音组配频次高低的重要因素之一。在高频域擦音与各个元音的组配频次比较中，元音舌位相对前后是影响擦音与元音组配频次的主要因素，而在舌位前后位置比较接近的两个元音之间则又会受到舌位高低的影响。低频域擦音与舌位相对偏后的展唇元音搭配频次较高，与其他元音搭配频次较少。

四 鼻音

鼻音是由于发音时介于口腔和鼻腔之间的软腭下垂，肺部的气流不能进入口腔，而是经过鼻腔共鸣而产生的。哈萨克语中有 3 个鼻音，分别是 m、n 和 ŋ。鼻音是一种浊音，具备类元音的共鸣特征，从三维语图上可以看到类共振峰横杠。鼻音后接元音时，其频谱和元音频谱之间有较明显的断层，因此即使它有类共振峰也能够明确地区别于后接元音。

例如从图 4-38 mal（مال〈名〉牲畜，牲口）的宽带语图分析，鼻音 m 的时长约为 145 毫秒，平均音强 71dB。鼻音 m 的语图上可以看到明显的共振峰横杠，且其频谱和后接元音 ɑ 的频谱之间有明显的断层。通过三维语图和 LPC 切片分析鼻音 m 的共振峰频率分布 F1 = 211Hz，F2 = 1069Hz，F3 = 1985Hz。过渡音征时长约 15 毫秒，起始点频率 T2on = 1069Hz，终止点频率 T2off = 1162Hz，终点与起点之间的差值 T2D = 93Hz，音征走势为升渡（+）。

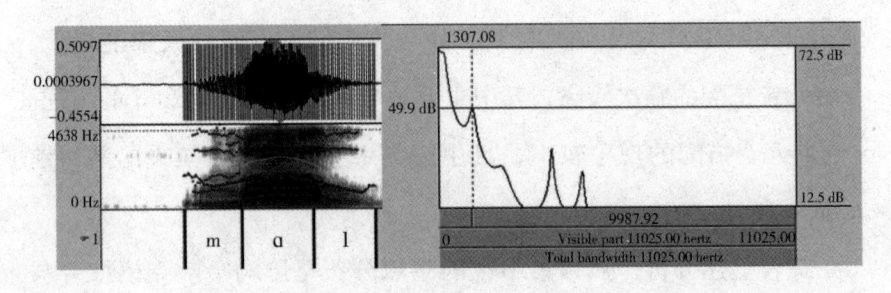

图 4 - 38　鼻音 m 的三维语图和 LPC 切片分析图

从图 4 - 39 音节 nøl 的三维语图和 LPC 切片图分析，鼻音 n 的音长约 125 毫秒，平均音强约 75dB。语图上可以看到明显的共振峰横杠，且其频谱和后接元音 ø 的频谱之间有明显的断层。通过三维语图和 LPC 切片分析鼻音 n 的共振峰频率分布 F1 = 211Hz，F2 = 773Hz，F3 = 1899Hz。从语图上看鼻音 n 和后接元音 ø 在第二共振峰没有接轨现象，而是其第三共振峰和元音的第二共振峰之间出现衔接。过渡音征时长约 44 毫秒，起始点频率 T3on = 1833Hz，终止点频率 T2off = 2052Hz，终点与起点之间的差值 219Hz，音征走势为升渡（+）。

从鼻音 m 后接元音时过渡音征的特征分析（见表 4 - 19），只有与后元音 o 搭配时过渡音征走势为降渡，与其他元音搭配时的过渡音征走势均为升渡，其中与前元音 y 和与后元音 u 相接时，过渡音

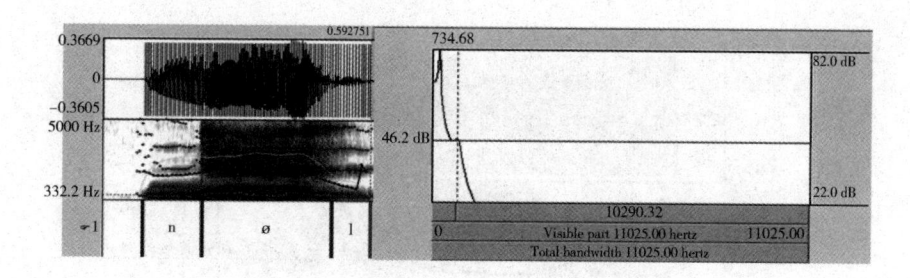

图 4 – 39　鼻音 n 的三维语图和 LPC 分析图

征起点和终点之间的差值较小,音征走势接近平渡。鼻音 m 后接前元音 e 时情况比较特殊。三维语图(见图 4 – 40)显示 m 的 F1 和后接元音 e 的 F1 相衔接,但是其第二共振峰,甚至第三共振峰都未能与元音 e 的 F2 相接,而是在高频区出现一个能量相对较弱的第四共振峰与元音 e 的 F2 相接,这与其他辅音与元音过渡音段特征差别较大。从表象来说,这是由于鼻音 m 的强频区频域分布较低,第二共振峰频率低,而前元音 e 的第二共振峰频域非常高,导致两个第二共振峰之间无法接轨。

表 4 – 19　　哈萨克语鼻音 m、n 和部分元音过渡音征数据

辅元结构	音长	音征时长	T2on	T2off	T2D	音征走势
me	177					
mi	171	75	1736	2009	+273	+
mæ	106	28	1699	2006	+307	+
my	170	22	1801	1847	+46	+
mø	171	23	1688	1870	+182	+
mɑ	145	15	1069	1162	+93	+
mə	140	28	977	1173	+196	+
mu	164	34	803	855	+55	+
mo	96	36	831	728	-105	-

而从鼻音 n 后接元音时的过渡音段特征来看,n 只有在后接后元

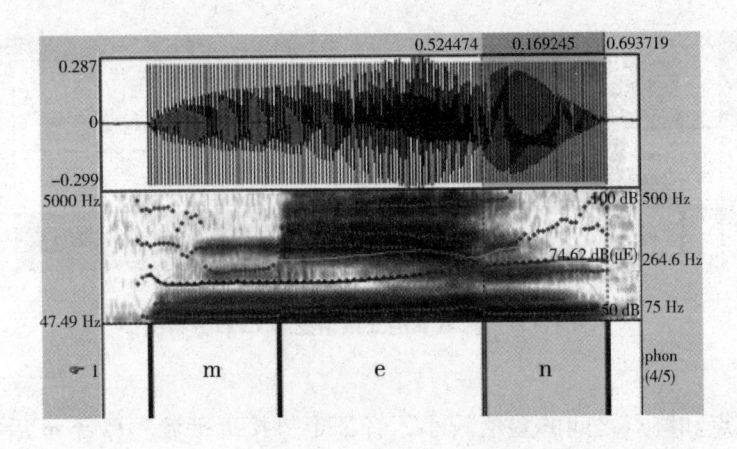

图 4–40　鼻音 m 后接元音 e 的三维语图

音ə、u、o 时，三维语图（见图 4–41）清楚地显示其第二共振峰和元音的第二共振峰接轨，与后元音ə的过渡音征走势为升渡，与后元音 u 的过渡音征走势为接近平渡的升渡（T2D = +26Hz），与后元音 o 的过渡音征走势为降渡。从 nan（نان〈名〉馕，面团）的三维语图分析鼻音 n 与后元音 ɑ 的过渡音段，不管是位于 ɑ 之前的前过渡段还是位于 ɑ 之后的后过渡段，鼻音 n 的第二共振峰都显示能量较弱且不稳定，难以与后元音中舌位最靠前的元音 ɑ 的第二共振峰接轨。而鼻音 n 后接前元音时，无论是与舌位最靠前的元音 e（见图 4–42）还是与舌位最靠后的前元音 ø（见图 4–39），其第二共振峰都不能与后接元音的第二共振峰接轨。从 næn（نان〈形〉高大的，魁梧的，巨大的）的三维语图对比位于元音前和元音后的鼻音 n 的频谱可以进一步证实，鼻音 n 的第二共振峰能量较弱，较不稳定，与舌位靠前，即共振峰 F2 分布频域较高的元音相接时，难以接轨，反而是频域分布较高，能量较强的第三或第四共振峰实现了与后接元音第二共振峰的衔接，如 næ、nø、ni 等，而有时干脆没有过渡音征，如 ne。

对比分析鼻音 m 和 n 后接元音时过渡音段的特征，鼻音 m 只有

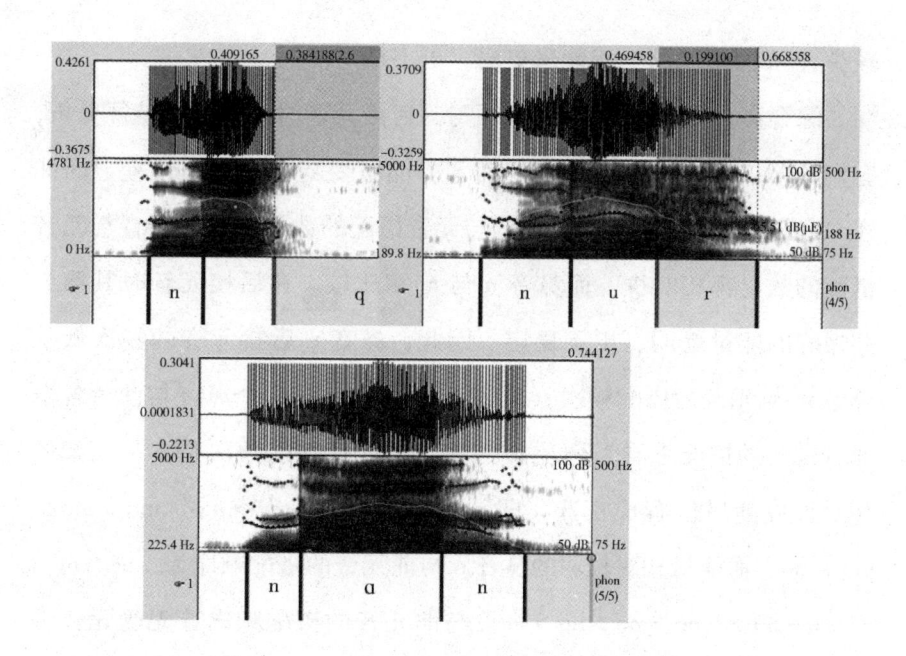

图4-41 鼻音n后接后元音时三维语图

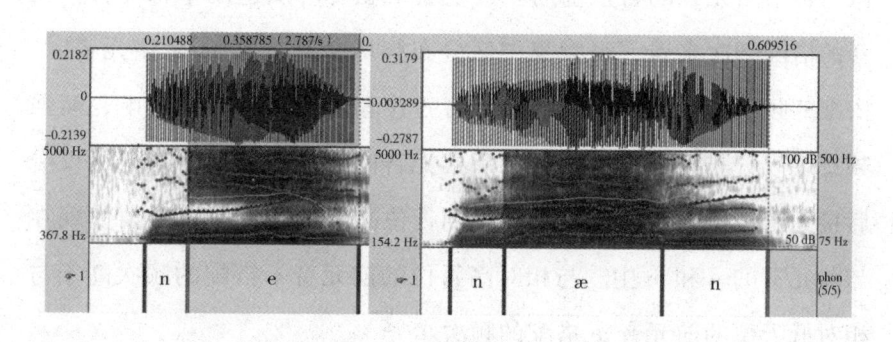

图4-42 鼻音n后接前元音e、æ时的三维语图

与舌位最靠前的前元音e相接时,其第二共振峰无法与后接元音的第二共振峰衔接,而鼻音n与舌位相对靠前的后元音ɑ相接时就已显示出第二共振峰不稳定及能量不足,与舌位更偏前的前元音相接时则全部无法实现第二共振峰之间的接轨,而与舌位最靠前的前元音e相接时则几乎没有显示过渡音段。由此可见,相对而言,鼻音n

较鼻音 m 的第二共振峰能量更弱，更不稳定。

综合鼻音 m 和 n 的声学特征与其后接元音时过渡音段特征分析，它们的第二共振峰相对比其他辅音的能量要弱，且稳定性差，因此在 CV ［C（C）］音节中，它们与元音搭配的数量比其他辅音与元音搭配的数量都相对少。而鼻音 n 与 m 相比较，在后接元音时其第二共振峰的能量更弱，更不稳定。因此，鼻音 n 后接元音的频次低于鼻音 m 与元音的搭配频次（见表 4-20）。从这两个鼻音与前后各个元音搭配的情况来看，鼻音 m 与前、后元音搭配频次基本与元音的相对舌位前后位置成正比，即 me > mi > mæ > my > mø，mɑ > mə > mu > mo。而能量相对较弱的鼻音 n 与前元音的搭配顺序为：ne > ni > ny > næ > nø，nɑ > nə > nu > no。与前元音的搭配频次首先受元音舌位前后的影响，同时受到舌位高低的影响。与后元音的搭配频次高低与各个后元音的舌位前后相对位置成正比。从这两个音与各个元音的搭配频次来看，强频集中区分布频域较高的音 m 后接元音时，搭配的频次高低主要受到后接元音舌位相对前后位置的影响，而强频集中区分布频域较低的音 n 后接元音时，搭配频次的高低不仅受后接元音舌位前后的影响，也受到舌位高低的限制，这主要体现在与前元音的 y 和 æ 中。与相对高舌位的前元音 y 搭配的频次高于与相对低舌位的前元音 æ 搭配的频次。

表 4-20　　　　　　哈萨克语鼻音后接元音搭配数据

类型	音位	前元音					后元音			
		æ	e	i	ø	y	ɑ	ə	o	u
鼻音	m	273	935	325	69	137	1790	680	101	165
	n	205	474	231	11	456	1050	408	32	751
	ŋ	0	51	149	1	5	95	198	0	3

哈萨克语鼻音 ŋ "可出现在词间、词尾，不出现在词首"（耿世

民 & 李增祥，1985：7）。当鼻音 ŋ 位于词中时，有时按照音节划分规则（如果两个元音之间有一个辅音，该辅音归后一个音节）会把它放在音节首。例如 deŋiz（ دەڭىز ⟨名⟩ 海），音节划分为 de - ŋiz，而在实际发音中，听觉上鼻音 ŋ 则是作为前一个音节的音节尾，与其之前的元音连接更密切。

从图 4 - 43 oŋ（وڭ ⟨形⟩ 右方的，右边的，右面的）的三维语图分析可见，虽然鼻音 ŋ 作为词尾跟在元音后面，但是它的频谱与其前的元音 o 的频谱之间还是有明显的断层，可以清楚地分清两个音之间的界限。鼻音 ŋ 音长约 193 毫秒，平均音强 74dB。跟其他两个鼻音一样，鼻音 ŋ 也有清晰的类元音共振峰。从三维语图和 LPC 切片分析，鼻音 ŋ 的共振峰分布为 F1 = 275Hz，F2 = 869Hz，F3 = 1898Hz。

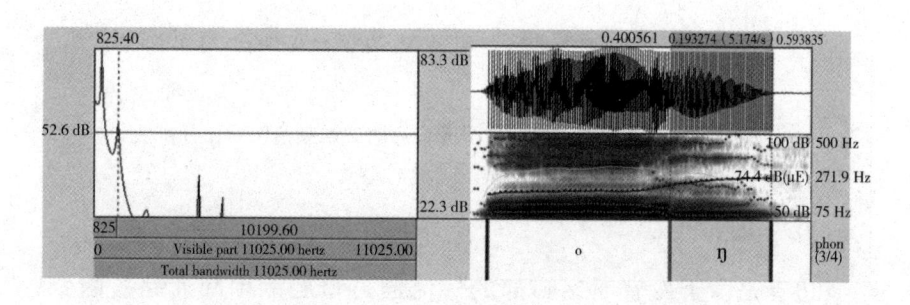

图 4 - 43　鼻音 ŋ 的三维语图和 LPC 分析图

本文第三章（第三节）统计结果显示，在 VC（C）和 CV［C(C)］音节类型中，元音后接辅音搭配时，与鼻音、边音、颤音和半元音的搭配数量多且集中。在与鼻音的搭配中与 n 的组合数量最多，与 m 的组合数量最少。实验运用 Praat Picture 将三个鼻音位于元音后的二维频谱图进行对比分析（见图 4 - 44），结果显示位于元音后时，三个鼻音的第一共振峰频域和能量都相差无几，第二谐波的频率值相差不大，但是振幅能量相差较大，其中鼻音 n 的振幅能力最低，鼻音 m 的振幅能量最高，鼻音 ŋ 居中。由此可见，在元音后接鼻音时，第二谐波能量较弱的鼻音 n 更符合语音音节能量趋势，因此在音节尾出现的频次最高，而能量最强的鼻音 m 出现的频次最低。

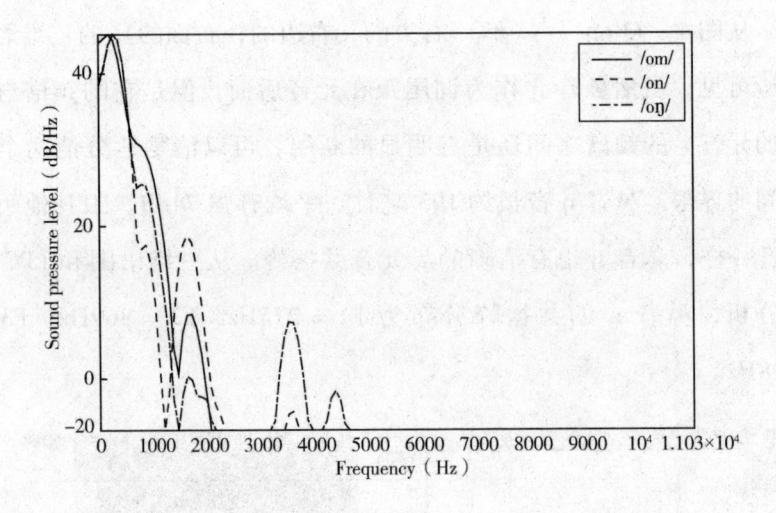

图 4-44 哈萨克语鼻音位于元音后时二维频谱图对比分析

五 边音

边音是由于发音时，肺部的气流通过口腔的中间通路被阻塞，气流从舌头的两边通过而产生的。哈萨克语中有一个鼻音 l。鼻音是一种浊音，具备类元音的共鸣特征，从三维语图上可以看到类共振峰横杠。鼻音后接元音时，其频谱和元音频谱之间虽然不像鼻音那样有较明显的断层，但是其频谱能量与元音的能量相比要弱，因此即使它有类共振峰，也能够明确地区别于相连接的元音。

例如从图 4-45 lap（ゾ〈副〉一下子，突然之间）的宽带语图分析，鼻音 l 的时长约为 132 毫秒，平均音强 78 dB。边音 l 的语图上可以看到明显的共振峰横杠，频谱特征类似浊擦音，但其频谱和

后接元音 ɑ 的频谱之间虽无断层却界限分明。通过三维语图和 LPC 切片分析边音 l 的共振峰频率分布 F1 = 397Hz, F2 = 1251Hz, F3 = 3444Hz。过渡音征时长约 50 毫秒,起始点频率 T2on = 1251Hz,终止点频率 T2off = 1671Hz,终点与起点之间的差值 T2D = 420Hz,音征走势为升渡(+)。

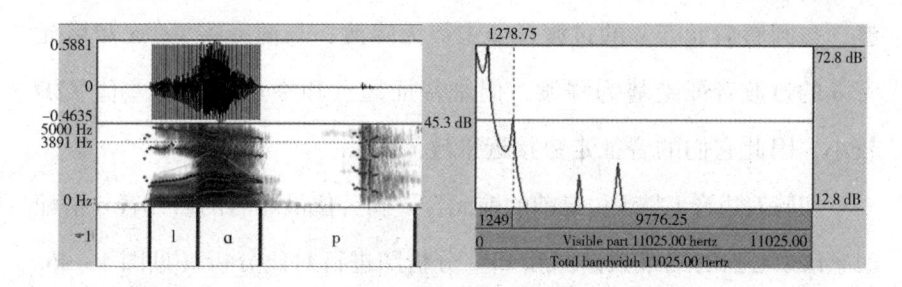

图 4 – 45　边音 l 的三维语图和 LPC 分析图

实验提取了边音 l 与各元音搭配时的声学数据(见表 4 – 21)。从数据分析来看,边音 l 的频谱特征不稳定,随着后接元音的不同,其强频集中区的频域分布不同,表现为第二共振峰频率变化较大,这与鼻音的频谱特征非常不同。也正是由于这个原因,边音 l 后接元音的频次高于鼻音后接元音的频次,而位于元音后时的搭配频次也高于鼻音 n 位于元音后的搭配频次(参见表 3 – 12,表 3 – 13)。

表 4 – 21　　　　　　边音 l 后接元音时声学数据

辅元结构	音长	F1	F2	F3	F2 – F1	音征时长	T2on	T2off	T2D	音征走势
lɛ	138	278	2132	3459	1854	23	2132	2579	+447	+
li	201	289	1889	3244	1600	35	1889	2068	+179	+
læ	167	258	1962	3364	1704	26	1962	2145	+183	+
ly	193	212	1807	2991	1595	29	1807	1794	−13	−
lø	164	318	1890	3217	1572	35	1890	1827	−63	−

续表

lɑ	132	397	1251	3444	854	50	1251	1671	+420	+
lə	197	224	1188	3530	964	34	1188	1292	+104	+
lu	159	318	969	3295	588	38	969	877	-92	-
lo	157	240	1062	3330	822	42	1062	844	-218	-

边音 l 后接元音时，与展唇前、后元音的过渡音征走势均为升渡，与圆唇后元音 o 的过渡音征走势为降渡，与前元音 y、ø 和后元音 u 的过渡音征走势为降渡，但是音征起点和终点之间的差值 T2D 较小，因此它们的音征走势接近平渡。

实验对边音 l 与舌位最前的前元音 e 和舌位最靠后的后元音 o 搭配时频谱中心点的二维频谱图和 LPC 分析图进行对比分析（见图 4-46，图 4-47）。从二维频谱图来看，边音 l 与前元音 e 和后元音 o 搭配时，基频的频域相差不大，且都是能量最强的。但是与前元音 e 搭配时的边音 l，其第二谐波的频率值约 2000Hz，而与后元音 o 搭配时的边音 l，其第二谐波的频率值约 1000Hz，两者相差较远。同样的现象反映在 LPC 分析图上，lep 中的边音 l 第二共振峰的频率值较 lom 中的边音 l 的第二共振峰频率值大很多，但是能量相对较弱。可见，随着后接元音舌位的不同，l 的第二共振峰频率值变化较

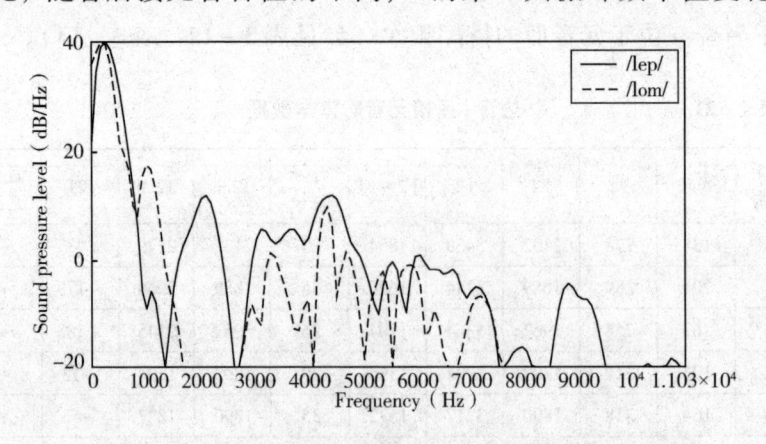

图 4-46　lep 与 lom 中边音 l 的二维频谱图对比分析

大，表现在三维语图上频谱特征的不稳定。但从另一个角度说，它是一个非常灵活的辅音，因此虽然它的强频集中区频域较低，但却是除了送气清塞音 t 与元音搭配频次最高的一个辅音。

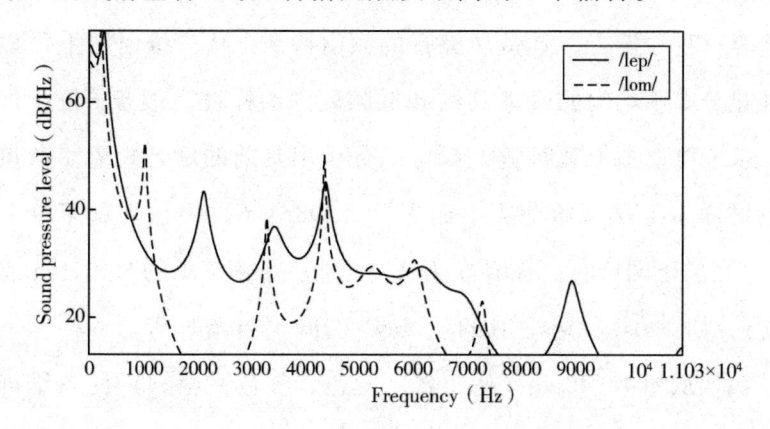

图 4－47　lep 与 lom 中边音 l 的 LPC 切片图对比分析

结合边音 l 后接元音搭配频次分析（见表 4－22），其与前、后元音搭配频次高低与后接元音舌位相对前后位置能正比，即在与前元音的搭配和与后元音的搭配中，都是与舌位相对靠前的元音搭配频次高，与舌位相对靠后的元音搭配频次低，即 le > li > læ > ly > lø，lɑ > lə > lu > lo。这一现象与强频集中区频域分布较高的塞音和擦音相同。

表 4－22　　　　　　　　　边音 l 后接元音搭配数据

类型	音位	前元音					后元音			
		æ	e	i	ø	y	ɑ	ə	o	u
边音	l	266	2252	1463	14	79	4427	2224	27	154

六　颤音

同边音相似，颤音是由于发音时，肺部的气流通过口腔的中间通路被阻塞，气流从舌头的两边通过而产生的。但与边音不同，发颤音时，口腔中的调音器官即舌头要处于运动当中，且动程较大，导致气流不断波动，从而发出摩擦噪音。哈萨克语中有一个颤音 r。颤音是一种浊擦音，具备浊擦音的频谱特征，从三维语图上可以看到能量分布不均匀的摩擦乱纹和低频处的浊横杠。颤音 r 位于词首时，从三维语图上和听觉上都可以分析出其前的增音现象。耿世民和李增祥先生在《哈萨克语简志》（1985：6）中也提到了这一现象："当位于词首时，有增音现象，常加一个不清晰的窄元音 ə 或 i，u 或 y，如：ras ~ ᵊras '真的'，ruw ~ "ruw '部落' 等。"

例如从图 4-48 reŋ（²⁾ᴼ⟨名⟩脸色，气色；容颜）的三维语图可以清楚地分析出颤音 r 之前的增音 ə，但有时增音部分的频谱不明显，但听觉上可以明显辨析到增音效果。此处包含增音部分的时长约 117 毫秒，除去增音部分颤音 r 的时长约 48 毫秒。从音强曲线的变化趋势可以看到，增音部分和 r 之后的元音部分的音强曲线较高，在二者之间形成一个低谷，即颤音 r 的音强曲线，其平均音强约 66dB。实验从三维语图上提取了颤音 r 中心位置的频谱做二维频谱分析，分析结果显示在低频部分有一个能量最强的波峰，即浊擦音的类元音共振峰横杠，振幅能量 33.1dB，而其下一个强频集中区分布在约 3637Hz，振幅能量 19dB。

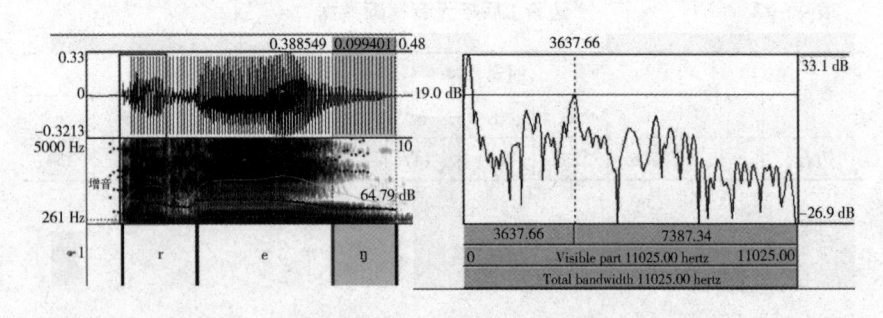

图 4-48　颤音 r 位于词首时的三维语图和二维频谱图

第四章 哈萨克语音段声学特征与语音和谐发音机制

　　结合颤音 r 的发音部位分析，其发音时舌叶位于口腔中部，肺部气流从舌叶两侧通过，形成摩擦噪声。但是要实现舌位的运动变化引发气流的波动，并同时发出浊音，必须借助元音能量。因此在位于词首时，颤音 r 之前必须有元音增音才能真正实现颤音，也因此颤音 r 位于元音之后时发音更加方便，有水到渠成的效果。

　　实验提取了颤音 r 位于元音后的声学参数（见图 4 - 49），结果显示位于元音后的颤音 r，除第一个强能量的波峰，第二强频区的频域比位于元音之前时更低，振幅能量也更弱，约在 1732.58Hz，4.5dB。因此，在 VC（C）和 CVC（C）音节类型中，颤音 r 成为元音后接辅音时搭配频次较高的一个辅音（见表 3 - 14）。

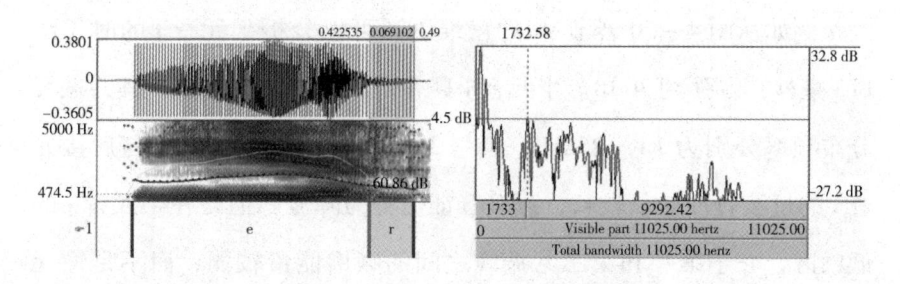

图 4 - 49　颤音 r 位于元音后时的三维语图和二维频谱图

　　结合颤音 r 后接元音搭配数据表（见表 4 - 23）分析，它与前、后元音搭配的频次高低顺序为：re > ri > ry > ræ > rø, rɑ > rə > ru > ro。同之前各辅音分析结果类似，由于 r 的强频区频域较低，因此在与元音搭配时，除受到舌位前后相对位置的影响，在舌位前后相差不大的时候会受到舌位高低的影响，即与高舌位的元音搭配频次高于与低舌位元音搭配频次。

表4-23　　　　　　　　颤音 r 后接元音搭配数据

类型	音位	前元音				后元音			
		æ	e	i	ø	y	ɑ	ə	o	u
颤音	r	142	1146	755	6	160	2397	1232	14	306

七　半元音

半元音是一种滑音,是介于元音跟辅音之间的音。语音学上指擦音中气流较弱,摩擦较小,类似辅音,具有元音的语音特性,但起辅音的音系作用的非音节性音段。哈萨克语中有两个半元音,分别是 w 和 j。从三维语图上可以分析出半元音的共振峰,但又不完全与元音相同,在高频区的频谱有类似擦音的特征。

例如从图4-50音节 jir 的三维语图可以分析半元音 j 的时长约170毫秒,音强约70dB。半元音 j 具有比较清晰的共振峰,其共振峰分布频率分别为 $F1=258Hz$, $F2=3064Hz$, $F3=4067Hz$,与后接元音 i 的过渡音征时长较长,过渡音征走势为降渡。但是在半元音 j 的低频区,介于第一和第二共振峰之间的频谱能量较弱,而不是像元音那样能量均匀分布。从二维频谱图分析,其频谱特征也类似于浊擦音的频谱特征,即在低频区有一个能量很强的波峰,而后频谱振幅能量降低。除第一波峰外,其强频集中区频域分布在约3577.18Hz,18.2dB。实验分别提取了 j 部分和 i 部分频谱的 LPC 切片对比分析其谱包络(见图4-51)。对比结果显示,两个音的第一共振峰分布频域相似,但元音 i 的振幅能量比半元音 j 的稍高。从第二谐波开始,半元音 j 的频谱不是呈规律性波动,而是类似擦音的频谱包络,而元音 i 的频谱则是基本呈正玄波的规律性波动。因此半元音 j 有类元音的特征,但也有擦音的特征,且半元音 j 的第二共振峰频率比元音 i

的第二共振峰频率更高。

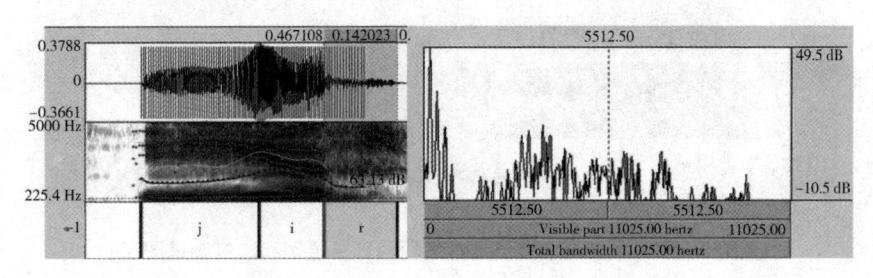

图 4 – 50　半元音 j 的三维语图和二维频谱图

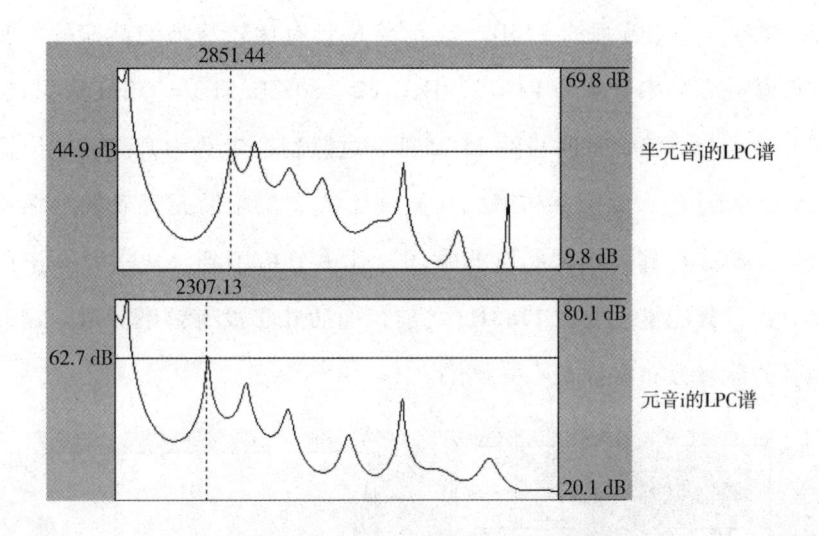

图 4 – 51　半元音 j 和元音 i 的 LPC 谱对比

由于半元音 j 具有元音的某些特征，因此相对于鼻音、边音等这些强频集中区频域分布较低的音来说，其稳定性更强。不管是位于元音前还是位于元音之后，其频谱特征和能量分布模式基本不变。例如，从图 4 – 52 音节 æj 的三维语图和二维频谱图分析可见，无论是三维语图中的频谱模式还是二维语图中的频谱特征都与图 4 – 50 中 j 位于元音前的各项特征保持一致。也正是由于半元音较强的稳定性，在其后接元音时过渡音征的走势均为降渡。

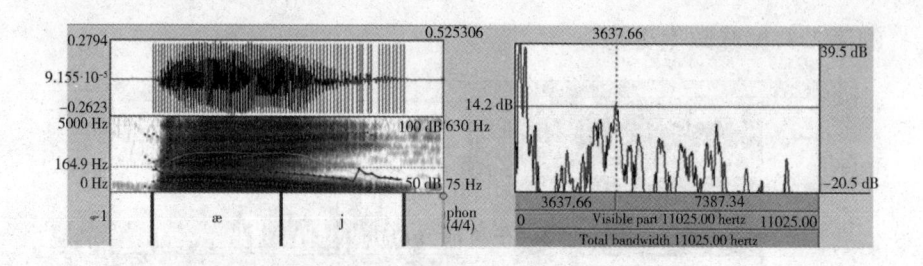

图4-52 半元音 j 位于元音之后的三维语图和二维频谱图

从图4-53音节 waw 的三维语图分析可见，半元音 w 的时长约130毫秒，平均音强约72dB。半元音 w 具有比较清晰的共振峰，其共振峰分布频率分别为 F1 = 329Hz，F2 = 802Hz，F3 = 3589Hz，与后接元音 ɑ 的过渡音征时长约25毫秒，过渡音征走势为升渡。从语图上看，半元音 w 的第一和第二共振峰模式类似于后元音 u 的共振峰模式，但是在其高频区能量非常弱，几乎分析不到。从二维频谱图上分析，其能量主要在1188Hz之前，而后几乎没有频谱能量，这与元音的能量分布特征是不一样的。

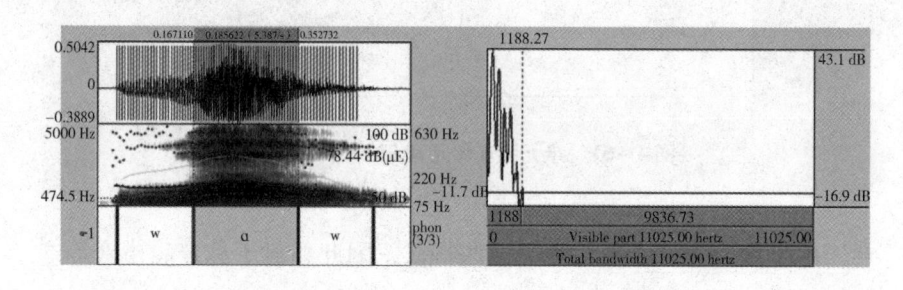

图4-53 半元音 w 的三维语图和二维频谱图

与半元音 j 一样，半元音 w 具有元音的某些特征，因此具有较强的稳定性。从图4-53也可以分析出，不管是位于元音前还是位于元音之后，其频谱特征和能量分布模式基本不变。由于半元音 w 具有元音 u 的某些特征，例如圆唇性，其强频区频域分布低，其后接元音时过渡音征的走势均为升渡。也是由于其圆唇性，在后接元音时与圆唇前元音 y、ø 和圆唇后元音 u、o 几乎没有搭配现象，而是与展唇的前后元音搭配数量较多。

结合鼻音后接元音搭配数据（见表 4 – 24）分析，由于半元音的强频区分布频域较低，而它们又具有较强的稳定性，因此半元音后接元音的搭配数量远远低于稳定性较弱的鼻音、边音、颤音和强频集中区分布频域较高的擦音、塞音等。在半元音 w 与前后各元音的搭配中，除前文所述与圆唇元音的搭配数量较少以外，与前元音和后元音的搭配中皆是与窄元音的搭配数量高于与宽元音的搭配数量，即与元音搭配数量受到舌位高低的影响，与相对高舌位元音搭配数量高于与相对低舌位元音的搭配数量，其与元音搭配频次高低的顺序为：wi > wæ > we > wy > wø，wə > wɑ > wu > wo。半元音 j 与前后各元音搭配频次高低顺序为：ji > je > jy > jæ > jø，jə > jɑ > ju > jo。与半元音 w 一样，同时也与其他强频集中区分布较低的辅音一样，半元音 j 在后接元音时的搭配数量首先受到元音舌位相对前后的影响，在舌位前后位置相差不大的情况下，受到舌位高低的影响，与高舌位元音搭配频次高于与低舌位元音搭配频次。

表 4 – 24　　　　　　　哈萨克语半元音后接元音搭配数据

类型	音位	前元音					后元音			
		æ	e	i	ø	y	ɑ	ə	o	u
半元音	w	120	105	158	0	1	378	678	1	7
	j	82	308	518	1	119	643	1138	3	296

但是在哈萨克语中这两个半元音比较特殊，也可以说比较灵活，既可以当成辅音使用也可以当作元音使用。例如，在单词 deldij [دەلدىي]〈动〉张开，张大（鼻孔）；竖起（耳朵）] 的哈萨克文拼写

中，第二个音节只有 d 和 j 两个字母（del - dj），按照哈萨克语文字规则，需要在 j 的前面增加前元音 i，国际音标转写为 del - dij，但是在实际口语听辨中提取到的音为 del - di 而不是 del - d - i - j，从而可以说明半元音 j 在这里是被当成元音使用的。同样，半元音 w 也是如此，例如，ajazdanuw（ايازدانۋ〈动〉ايازدان 的不定式）的哈萨克文拼写最后一个音节为 nw，同样不符合音节规则，需要在 w 的前面增加后元音 u，国际音标转写为 nuw，但实际发音为 nu 而不是 n - u - w，即此时的半元音 w 被用作元音。在 VC（C）和 CVC（C）音节类型中元音后接辅音搭配数量统计中，元音与半元音搭配频次较高，尤其是元音 u 和 y 与半元音 w 的搭配，元音 ə 和 i 与半元音 j 的搭配数量较多，其中一个重要的原因就是这一文字规则。而另一个重要的原因则是与鼻音、边音和颤音一样，即这两个半元音的强频集中区频域分布较低，位于元音之后时符合音节的能量分布趋势。

第五章　哈萨克语音段区别特征矩阵与语音和谐发音机制

音段的区别性特征源于各音段的发音机制，同时又表现发音机制，是发音机制的解释基础，二者相辅相成。从语言底层和表层的角度来看，"区别性特征是连接音韵表达和语音表达的纽带，使音韵现象可以在语音层次上得到解释"（包智明等，1997：31）。

目前对区别性特征的定义主要有两种，一种是雅克布逊、哈勒和方特（Jakobson，Halle & Font）最早提出的以语音的物理性特征为主的定义，一种是乔姆斯基和哈勒提出的以音段的发音部位、发音方式等生理特征为主的定义。基于本文第三章对元音和谐模式与辅音和谐模式的统计，以及第四章对哈萨克语各音段的声学分析和对各类型音位语音格局的构建，实验对哈萨克语各音位的声学数据结合生理数据进行归纳总结，构建哈萨克语元音和辅音的区别特征矩阵，更加直观地解释哈萨克语语音和谐发音机制。

第一节　元音音段区别特征矩阵与元音和谐发音机制

对于元音和谐模式的各种搭配类型，在第四章（第三节）已经进行了归纳总结,主要从唇形的圆展、舌位高低、舌位前后和元音开口度四个方面分析了元音和谐模式的发音机制。实验在此基础上构建了哈萨克语元音的音位区别特征矩阵。根据二元对立原则,前元音和后元音,圆唇和展唇,宽元音和窄元音都是非此即彼的二元对立,因此[+前元音]即表示该音段为前元音,[-前元音]即表示该音段为非前元音,则为后元音。唇形圆展对立和宽窄元音对立亦是如此。其中"舌位高低"和"舌位前后"分别是在前元音内部和后元音内部各音段之间的相对性,因此它们之间的对立采用级差对立(Gradual Opposition),即依据同一特征的不同程度确立的多边对立关系(马秋武,2015:19)。在矩阵中对于级差对立采用Scale模式体现,即数字1代表最高程度(舌位最前或舌位最高),数字2代表次之程度,以此类推。由此,哈萨克语元音音段区别特征矩阵如表5-1。本研究以哈萨克语元音音段区别特征矩阵为基础依据,结合元音和谐搭配模式——前元音 e-e、e-i、i-i、i-e、æ-e、æ-i、y-i、y-e、ø-e、ø-i,后元音和谐模式 ɑ-ɑ、ɑ-ə、ə-ə、ə-ɑ、u-ɑ、u-ə、o-ɑ、o-ə——分析哈萨克语元音和谐搭配模式发音机制。

表 5-1　　　　　　　哈萨克语元音音段区别特征矩阵

	e	i	æ	y	ø	ɑ	ə	u	o
[前元音]	+	+	+	+	+	-	-	-	-
[圆唇]	-	-	-	+	+	-	-	+	+
[宽元音]	+	-	+	-	-	+	-	-	+
[舌位前后]	1	2	3	4	5	1	2	3	4
[舌位高低]	4	3	5	3	2	4	3	1	2

首先,前元音和后元音中和谐模式的搭配类型都是"展唇—展唇"的类型居多,而且出现的频次最多。以圆唇元音起始的搭配模

式，总是以展唇元音结束，而展唇元音起始的搭配模式，不会以圆唇元音结束。这说明圆唇元音在哈萨克语构词中的能力较弱，多出现在第一音节，后续音节出现频次较少，最多不超过第四音节，这也从一个方面解释了在辅音和元音的搭配中，辅音普遍与圆唇元音搭配数量少的一个缘由。

其次，前元音和谐模式中"宽元音—宽元音"和"宽元音—窄元音"搭配类型较多，而"窄元音—窄元音""窄元音—宽元音"搭配类型相对较少，后元音和谐模式中四种类型数量相当。而且在前、后元音中，后两种类型都是展唇元音居多，圆唇元音仅限于舌位最高的绝对窄元音，如前元音中的 y 和后元音中的 u。在元音和谐模式中出现频次最高的前元音 e–e 和后元音 ɑ–ɑ 都是展唇宽元音的组合。

再次，无论是前元音各音段还是后元音各音段之间，都存在舌位高低的相对对立。例如，前元音 e–i = 4–3 = 低舌位–高舌位，y–i = 1–3 = 高舌位–低舌位；后元音 ɑ–ə = 4–3 = 低舌位–高舌位，u–ɑ = 1–4 = 高舌位–低舌位。总体来看，前、后元音和谐模式的搭配类型都是以"高舌位—低舌位"类型为主，而"低舌位—高舌位"的搭配类型仅限于展唇元音之间，且都是以宽元音为起始。例如，前元音的 e–i、æ–e 和 æ–i 三对，后元音的 ɑ–ə 一对。

最后，前、后元音内部的各音段之间同时又存在舌位前后的相对对立。例如，前元音 e–i = 1–2 = 前舌位–后舌位，y–i = 4–2 = 后舌位–前舌位；后元音 ɑ–ə = 1–2 = 前舌位–后舌位，o–ɑ = 4–1 = 后舌位–前舌位。总体来看，无论是在前元音的和谐模式还是后元音的和谐模式，相互搭配的两个元音之间舌位前后的对立大多是"后舌位—前舌位"。除去前元音中的两对"前—前"搭配 e–e = 1–1、i–i = 2–2 和后元音中的一对"前—前"搭配 ɑ–ɑ = 1–1，前、后元音中各有一对"前舌位—后舌位"类型,分别是 e-i 和 ɑ-ə,而这两对也是两组元音中舌位最前的两个元音之间的搭配。

综上所述,哈萨克语元音和谐发音机制的四组区别性特征中,唇形圆展和开口度是生理特征,而前、后两组元音内部各音段之间的舌位前后和舌位高低的对立则是通过声学分析得出的级差对立。其中需要说明的是,元音的开口度与发音时舌位的高低之间是呈反比关系的,即宽元音发音时舌位低,窄元音发音时舌位高,而哈萨克语元音中宽元音和窄元音的划分则是以舌位前后的相对位置划分经度区,在每一个经度区内按照舌位相对高低定义宽元音和窄元音(本文第四章第二节),因此宽窄元音的划分是相对的对立,属音系特征。且如上所分析,宽窄元音的对立对元音和谐模式发音机制的解释贡献并不大,起主导作用的是前、后两组元音内部各音段之间舌位前后和高低的相对对立。从上述分析可见,哈萨克语各组元音和谐模式中两个音段之间的搭配类型主要是"高舌位—低舌位""后舌位—前舌位"的组合。从发音生理角度来看,嘴唇的开口度由小变大,舌位从后到前的变化,都是较为容易实现的,反之难度则相对较大。因此,哈萨克语元音和谐模式是语言发展中经济原则的体现。

第二节 辅音音段区别特征矩阵与辅音和谐发音机制

结合辅音的发音方法、发音部位和第四章对辅音的声学分析,实验从[±辅音]、[±连续]、[±送气]、[±边流]、[±鼻]、[±浊音]、[±响音]、[±舌位后]、[±高频域]、[±稳定]等几个方面构建了哈萨克语本族语词汇中辅音的区别性特征矩阵。

[±辅音]是指发音时气流是否受阻,是辅音和元音之间的区别特征。[±连续]是指发音时气流是连续通过口腔还是在空腔中受阻,是塞音和其他辅音之间的区别特征。

[±边流]是指发音时气流从舌头两边流出口腔还是从舌头中间流出口腔,是流音和其他辅音之间的区别特征。

[±鼻]是指发音时软腭下垂,气流从鼻腔流过还是软腭上升,气流从口腔流过,这是鼻音和其他辅音之间的区别特征。

[±浊音]是指发音时声带是否振动,是清音和浊音之间的区别特征。

[±响音]是指发音时气流是否从口腔或鼻腔顺利通过。通常而言,除元音外,辅音中的边音、颤音和半元音也具有类元音特征,即为响音。

[±舌位后]是指发音时舌头的前后相对位置,此处以舌叶作为舌位的中性位置,舌叶及其之前的位置定义为"舌位前",之后的位置定义为"舌位后"。

[±高频域]是指通过声学分析获得的辅音强频集中区的频域分布是在高频区还是在低频区。频域的相对高低是指按照发音方法分类的各类型辅音内部音段强频集中区频域分布的相对高低,而不是对所有辅音统一排序。例如,在塞音中,p、d、k 是强频集中区分布在高频域的音,而 b、t、g、q 则是强频集中区分布在相对低频域的音。

[±稳定]是指辅音分别位于元音前和元音后时强频集中区的频域分布是否相对稳定。

这 10 个项目中,前 8 项为发音生理特征,后两项是基于声学数据分析获取的声学特征。由此,哈萨克语本族语词汇中辅音区别特征矩阵见表 5-2。研究以哈萨克语辅音音段区别特征矩阵为基础依据，结合辅音与元音搭配模式和搭配频次分析辅音和谐发音机制。

表 5-2　　哈萨克语本族语词汇辅音音段区别特征矩阵

	p	b	t	d	k	g	q	dʒ	s	z	ʃ	χ	ʁ	h	m	n	ŋ	l	r	w	j
[辅音]	+	+	+	+	+	+	+	+	+	+	+	+	+	+	+	+	+	+	+	+	+
[连续]	-	-	-	-	-	-	-	+	+	+	+	+	+	+	-	-	-	-	-	-	-
[送气]	+	-	+	-	+	-	-	-	-	-	-	-	-	-	-	-	-	-	-	-	-
[边流]	-	-	-	-	-	-	-	-	-	-	-	-	-	-	-	-	-	+	-	-	-
[鼻]	-	-	-	-	-	-	-	-	-	-	-	-	-	-	+	+	+	-	-	-	-
[浊音]	-	+	-	+	-	+	-	+	-	+	-	-	+	-	+	+	+	+	+	+	+
[响音]	-	-	-	-	-	-	-	-	-	-	-	-	-	-	+	+	+	+	+	+	+
[舌位后]	-	-	-	-	-	-	+	-	-	-	-	+	+	-	-	-	-	-	-	+	-
[高频域]	+	-	+	-	+	-	-	+	+	-	+	-	-	-	-	+	-	-	+	-	+
[稳定]	+	+	+	+	+	+	+	+	+	+	+	+	+	+	+	+	+	+	-	+	+

一　辅音与元音和谐发音机制

在辅音与元音搭配模式和搭配频次方面，第三章的研究结果显示"前元音+辅音"中各辅音搭配频次高低顺序为：r > k > w > n > l > j > s > t > z > ŋ > m > ʃ > p > q > g > dʒ > b > d > ʁ > χ > h，"后元音+辅音"中各辅音搭配频次高低顺序为：q > w > r > l > n > j > s > t > z > ŋ > m > ʃ > p > b > ʁ > dʒ > χ > d > h。而在 CV [C (C)] 音节中"辅音+前元音"中各辅音搭配频次高低顺序为：k > t > d > l > s > ʃ > b > r > g > m > n > dʒ > j > p > z > q > w > ʁ > ŋ > χ > h；"辅音+后元音"中各辅音搭配频次高低顺序为：t > q > d > l > s > ʃ > r > b > dʒ > ʁ > m > n > j > p > w > z > ŋ > χ > h。总体而言，元音后接辅音时半元音、鼻音、颤音和边音的数量最多，浊塞音、浊塞擦音和部分擦音的数量最少；而辅音后接元音时则是塞音、边音和擦音数量最多，鼻音、半元音和部分擦音数量最少。由于各音位类型中的不同音位之间在声学特征上有所不同，因此各个音位的排序并不完全符合这一规律，但是总体来看这一搭配现象与辅音的发音方法、发音部位以及由此而产生的声学表现有较为密切的关系。

（一）元音后接辅音组合发音机制

从哈萨克语辅音区别特征矩阵来看，元音后接辅音时搭配数量最多的，除了只与前元音搭配的送气清塞音 k 和主要与后元音搭配的送气清塞音 q 外，其他 4 个辅音 r、w、n、l 分别是颤音、半元音、鼻音和边音。它们的发音器官特征均是［－舌位后］，即发音部位偏前。强频集中区的频域分布都是［－高频域］，且鼻音 n 和半元音 w 都是同类辅音中频域分布相对更低的音段。从强频集中区分布的稳定性来看，n、l 和 r 的特征都是［－稳定］。本书第五章第三节部分的声学分析结果显示，边音 l 在接不同的元音时，其强频集中区的频域会随着所接元音第二共振峰频域分布的高低而发生相应的变化。n 和 r 这两个音在元音前和元音后时，强频集中区分布频域变化较大，位于元音后时它们的分布频域更低，更便于前面的元音和辅音之间能量的衔接过渡，强频集中区分布频域低这一特征符合"高频域－低频域"的音节能量分布趋势和语言发展中的经济原则。

元音后接辅音时搭配数量最少的几个音包括 b、d、ʤ、ʁ、χ、h。首先，从气流的连续性来看，前三个音段 b、d、ʤ 的特征是［－连续］。由于元音发音时气流在口腔中是畅通无阻的，后接辅音时由连续的气流变为非连续的气流比一直持续连续的气流难度要大，这是元音后接塞音搭配频次普遍较低的重要原因。同时，这三个音都是强频集中区稳定的浊塞音（［＋稳定］），而元音无论展唇还是圆唇都是开口音段。在连续的气流之后接闭塞浊音段，然后瞬间爆破戛然而止，增加了气流控制的难度。这也是 b、d、g 在哈萨克语中不出现在词尾的重要原因。其次，从舌位前后来看，后三个音段 ʁ、χ、h 的特征是［＋舌位后］。虽然这三个音段的强频集中区分布频域在同类辅音中都是较低的，但是它们的发音部位分别是舌根和小舌，相比其他辅音而言是发音部位最靠后的音段。虽然元音发音时舌位有相对前后之分，但是相对这些发音部位而言，元音都是舌位偏前的音段。元音后接这些辅音时要实现"前舌位－后舌位"的动程。这一舌位变化过程相比"后舌位－前舌位"而言增加了舌位控制的难度。由于以上两个方面的原因，浊塞音、浊塞擦音和舌位靠后的擦音在前接元音时搭配数量不多。

综上所述，哈萨克语元音后接辅音组合频次高低的第一决定因素是［±舌位后］，与［－舌位后］辅音搭配频次高于与［＋舌位后］辅音的搭配频次；第二决定因素是［±连续］，与［＋连续］辅音搭配频次高于与［－连续］辅音的搭配频次；第三决定因素是［±高频域］，与［－高频域］辅音搭配频次高于与［＋高频域］辅音的搭配频次。

（二）辅音后接元音组合发音机制

辅音后接元音的搭配中，发音方法相同的辅音中，强频集中区分布频域最高和最低的辅音与元音搭配数量较少，例如塞音中的 p、擦音中的 z 都是同类辅音中频域最高的音段，鼻音中的 ŋ、擦音中的 χ、h 都是同类辅音中频域最低的音段。这些音段与元音搭配频次低。而强频集中区分布频域相对居中的音段，如塞音中的 t、d、b、擦音中的 s、ʃ 和频域分布不稳定的边音 l、颤音 r 等，都与元音搭配频次较高。这其中，舌位最靠前的舌尖前音 t 和 d 与元音的搭配频次又是最高的。由此可见，哈萨克语辅音与元音搭配频次的第一决定因素是［±高频域］，强频集中区分布频域最高和最低的辅音与元音搭配频次较少,频域相对居中的辅音与元音搭配频次高;第二决定因素是[±舌位后],舌位偏前的辅音与元音搭配频次高于舌位偏后的辅音与元音的搭配频次。

从辅音与各元音搭配频次高低顺序来看,有些辅音与元音搭配频次高低的排序模式是一样的。实验按照辅音与各元音搭配时的频次高低顺序对辅音进行分类汇总,见表5-3。其中"前元音"和"后元音"中的元音排序是后面的辅音与元音搭配时频次高低的排序。

表5-3　哈萨克语辅音与各元音搭配频次高低顺序分类汇总

前元音	后元音	辅音
		p、d
e>i>æ>y>ø	a>ə>u>o	z
		m
		l
		t、b
e>i>y>æ>ø	a>ə>u>o	ʤ
		n
		r
æ>ø>y>i>e	a>ə>u>o	q
æ>e>i=ø>y	a>ə>u>o	χ
æ>e>i=y>ø	a>ə>u=o	h
i>e>y>æ>ø	ə>a>u>o	s
		j
æ>i>e>y>ø	ə>a>u>o	ʁ
i>æ>e>y>ø	ə>a>u>o	w
i>e>æ>y>ø	ə>a>o>u	ʃ
i>e>y>æ>ø		g
e>i>y>ø>æ		k

从表5-3的数据分析来看,第一类辅音p、d、z、m、l与元音搭配的特点是无论是与前元音还是与后元音的搭配,其搭配频次的

高低与元音的舌位前后成正比，即与前元音中舌位最前的元音 e 搭配频次最高，依次是 i、æ、y，与舌位最靠后的元音 ø 搭配频次最低；与后元音中舌位最前的元音 ɑ 搭配频次最高，依次是 ə、u，与舌位最靠后的元音 o 搭配频次最低（元音的舌位相对前后参见"哈萨克语元音区别特征矩阵"）。这 5 个音段中，除边音 l 之外的四个音段的共同特征是［＋高频域］［－舌位后］，即它们是同类辅音中强频集中区分布频域最高的音段。而边音 l 的强频集中区会随着后接元音第二共振峰频率的改变相应改变，如声学分析部分提到，边音 l 后接元音 e 时强频其中区的频域远远高于后接元音 o 时的强频区频域，因此边音 l 也算强频集中区分布频域高的音段。

第二类辅音 t、b、ʤ、n、r 与后元音的搭配特点与第一类辅音相同，但是在与前元音搭配时与第一类辅音不同，在与舌位相对居中且相近的元音 æ 和 y 搭配时，与舌位相对偏高的窄元音 y 的搭配频次高于与舌位偏低的宽元音 æ 的搭配频次。它们与前元音的搭配频次不仅受到元音舌位前后的影响，而且在元音舌位前后位置相近的时候受到舌位高低的影响（元音舌位相对高低参见"哈萨克语元音区别特征矩阵"）。这 5 个音段的共同特征是［－高频域］［－舌位后］，即它们是同类辅音中强频集中区分布频域较低的音段。

第三类辅音 q、χ、h 与后元音搭配的特点与前两类辅音一样（在 h 与后元音的搭配中 u＝o，h 与这两个音的搭配频次相等且均为零），但是与前元音搭配的情况比较复杂。首先，送气清塞音 q 在哈萨克语中主要与后元音组合，而在较少的与前元音的搭配中也是与舌位最低、开口度最大，同时又是后元音 ɑ 的变体的前元音 æ 的搭配频次最高，与其他 4 个前元音的搭配频次高低与元音的相对舌位前后成反比，即与舌位最前的元音 e 搭配频次最低，与舌位最靠后

的前元音 ø 的搭配频次最高。与清塞音 q 相同的是，清擦音 χ 与元音中舌位最低的元音 æ 的搭配频次最高，但是与其他 4 个前元音的搭配情况，则是在元音音段舌位前后相差不大的时候，偏向与宽元音的搭配，即 e＞i，ø＞y。清擦音 h 与前元音的搭配情况与擦音 χ 类似，即与舌位最低的前元音 æ 搭配频次最高，与其他 4 个前元音的搭配则受其舌位高低的影响，在展唇前元音中是 e＞i，在圆唇前元音中是 y＞ø。这 3 个辅音音段与前元音搭配的共同特征是搭配的频次首先受到元音舌位前后的影响，在舌位前后位置相近的情况下，受到舌位高低的影响。从辅音区别特征矩阵来看，这 3 个音段的共同特征是［＋舌位后］［－高频域］。

第四类辅音 s、j 与前元音和后元音的搭配频次，在受元音相对舌位前后影响的同时，都受到舌位高低的影响。与后元音中舌位相对偏前的 ə、ɑ 搭配频次而于与舌位相对偏后的 u、o 的搭配。但是同时，在这两组中，与舌位相对偏高的元音的搭配频次，高于与舌位相对偏低的元音的搭配频次，即 ə＞ɑ，u＞o。与前元音搭配时，在舌位前后位置相邻的元音中，与舌位相对高的元音搭配频次高，反之则低，即 i＞e，y＞æ。从辅音区别特征矩阵来看，这两个音段共同的特征是［－舌位后］［＋高频域］，即它们发音时舌位靠前，而且是同类辅音中强频集中区分布频域较高的音段。

第五类辅音 ʁ、w 与后元音的搭配情况和第四类辅音一样。浊擦音 ʁ 与前元音的搭配情况类似于第三类辅音，即与前元音中开口度最大，舌位最低的元音 æ 的搭配频次最高，与其他 4 个前元音的搭配中，在舌位前后相邻的情况下，与舌位相对偏高的元音搭配频次高于与舌位相对偏低的元音的搭配频次。半元音 w 与前元音的搭配主要还是受到元音舌位相对前后的影响，与 i、æ、e 的搭配频次高于与 y、ø 的搭配。在这两组中也能体现舌位高低对搭配频次的影响，即与 i 的搭配频次高于 æ、e，与 y 的搭配频次高于 ø。但是与前几类辅音相比，其规律性已经不明显。这两个音段在［舌位］和［频域］方面的区别特征是［+舌位后］［-高频域］和［-舌位后］［-高频域］。

第六类辅音［-舌位后］［+高频域］ʃ 与第五类中的半元音 w 相似，与前、后元音的搭配整体还是受元音舌位相对前后的影响，即与舌位偏前的元音搭配频次高于与舌位偏后的元音的搭配频次。与此同时，搭配频次受元音舌位相对高低的影响，但是其规律性也不明显。这个音段在［舌位］和［频域］方面的区别特征是［-舌位后］［+高频域］。但是与其他同类特征的音段相比，这个音段的舌位属于中性位置，强频集中区的频域分布在同类辅音中也是居中的。

第七类辅音 g、k 与后元音没有搭配（其中的缘由在声学分析部分已提到），在与前元音的搭配中清塞音 k 与舌位最低，开口度最大，且作为后元音 ɑ 变体的前元音 æ 的搭配频次最低，这与前面多与后元音搭配的辅音的情况恰好相反。与其他 4 个前元音的搭配频次高低则是与舌位的前后成正比。其区别性特征是［+舌位后］［+高频域］。浊塞音 g 在与舌位前后相近的元音搭配时，与舌位相对偏高的元音搭配频次高于与舌位相对偏低的元音的搭配频次。其区别性特征是［+舌位后］［-高频域］。从这两个音段的情况对比来看，发音部位相同的情况下，强频集中区分布频域高的辅音与元音的搭配频次主要受元音舌位前后的影响，与舌位偏前的元音的搭配频次高于与舌位偏后的元音的搭配频次，而强频集中区分布频域低的辅音与元音的搭配不仅受到元音舌位前后位置的影响，在一组舌位前后位置相近的元音中，还要受到舌位相对高低的影响，基本是与舌位高的元音的搭配频次高于与舌位低的元音的搭配频次。

总结上述几类情况分析，首先，依据辅音与后元音的搭配特点，表5-3的数据可以分为两大部分，前一部分中辅音与后元音中各元音的搭配频次与它们的舌位相对前后成正比，包括前三类辅音；后一部分包括后三类辅音，辅音与后元音中各元音的搭配频次首先按舌位的相对前后划分区域，在同一区域中受到元音舌位高低的影响。而辅音与前元音的搭配则是从第二类辅音开始就受到舌位高低的影响。辅音与前、后元音搭配特点的不同，又从整体上体现了辅音与元音搭配时受元音舌位相对前后的影响。由于前元音整体第二共振峰分布频域高，更易受到辅音强频集中区频域分布的影响，辅音与前元音的过渡音征有升渡也有降渡；而后元音相对前元音来说，整体舌位偏后，第二共振峰分布频域低，在与辅音搭配时，受辅音强频集中区频域分布的影响要比前元音小，辅音与后元音的过渡音征以降渡为主。如图5-1对辅音、前元音和后元音强频集中区分布频域的模拟。这也是在哈萨克语词汇中，后元音词数量远大于前元音词数量的一个原因。同时，从图中可以分析出，强频集中区分布频域居中的辅音，无论与前元音搭配还是与后元音搭配时，过渡音征衔接都更容易，因此与元音搭配数量较多。

其次，从各类辅音与元音搭配特点对比分析，在［-舌位后］［+高频域］两个特征占绝对优势的辅音与元音的搭配规律性最强，即舌位最前，强频集中区分布频域最高的辅音，与元音的搭配频次只受元音舌位相对前后的影响，例如第一类辅音。虽然上述第四类和第六类辅音也同样具备［-舌位后］［+高频域］的特征，但是与第一类辅音相比，它们的强频集中区分布频域低，因此与元音的搭配频次除了受元音舌位相对前后影响，还要受元音舌位相对高低的影响，且

```
                    z
               s  ʃ
前元音F2分布频域      dʑ
1500—3000Hz     χ  ʁ
                r
   e ____       j
   i ____       p
   æ ____    d、k、g
   y ____    b、t
   ø ____    q
                h
                l
              m、ŋ
                w
                n
```

前元音F2分布频域
1500—3000Hz

后元音F2分布频域
800—1200Hz

ɑ ____
ə ____
u ____
o ____

辅音强频集中区分布
频域 700—10000Hz

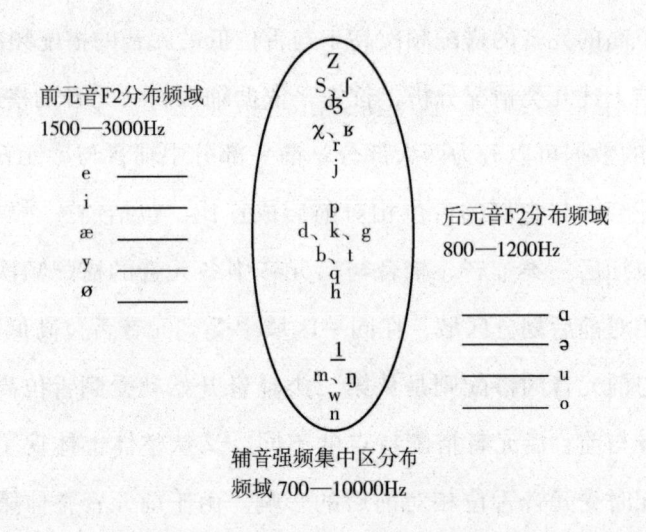

图 5-1　哈萨克语元音和辅音音段强频集中区分布频域模拟图

随着强频集中区分布频域越低，其规律性越不明显。例如，第四类辅音与第一类辅音相比，同是［-舌位后］，但强频集中区分布频域低，因此与元音搭配的频次受元音舌位相对高低的影响；同样是［-舌位后］［+高频域］的第六类辅音 ʃ，强频集中区分布频域比第四类辅音还低，因此与前、后元音的搭配更复杂，规律性不明显。

同样，具备［+舌位后］特征的辅音，其中［+高频域］的辅音与元音的搭配主要受元音舌位相对前后的影响，而受元音舌位相对高低影响程度小。例如，第七类辅音中的 k 与元音的搭配主要受舌位相对前后的影响；第三类辅音强频集中区分布频域相对 k 要低，与前元音的搭配除了受元音舌位相对前后的影响，还受到舌位相对高低的影响，但是与后元音的搭配主要受到舌位相对前后的影响；而第五类辅音的强频集中区分布频域更低，因此与前、后元音的搭配频次同时受到元音舌位前后和高低的影响，且规律性不明显。

综上分析，辅音的强频集中区分布频域和元音舌位相对前后是决定辅音与元音搭配特征的主要因素。首先，强频集中区分布频域居中的辅音，如塞音 t、d、b、擦音 s、ʃ 和频域分布不稳定的边音 l、颤音 r 与元音搭配频次较高。强频集中区分布频域最高和最低的辅音与元音搭配频次低。其次，由于哈萨克语前元音整体第二共振峰频域高，更易受辅音强频集中区分布频域影响，而后元音整体第二共振峰频域低，受辅音强频集中区分布频域影响小，哈萨克语中后元音词汇多于前元音词汇。最后，同类辅音中强频集中区分布频域最高的辅音与元音搭配频次主要受元音舌位相对前后的影响。与舌位偏前的元音的搭配频次高于与舌位偏后元音的搭配频次。其他辅音与元音的搭配频次，在受元音舌位前后影响的同时，随着强频集中区分布频域越低越容易受到元音舌位相对高低的影响，且与前元音的搭配比与后元音的搭配更易受元音舌位高低的影响。一般来说，与舌位相对偏高的元音搭配频次高于与舌位相对偏低的元音的搭配频次。

二 辅音与辅音和谐发音机制

哈萨克语词干内辅音和谐主要指耿世民和李增祥先生在《哈萨克语简志》（1985：14）中提出的辅音和谐律："在哈萨克语本族语中，辅音 k、g 和 q、ʁ 是相互对立、排斥的两组，不能同时出现在同一个词中。"

辅音和谐模式将 k、g 和 q、ʁ 分化为相互对立排斥的两组，那么这两组音之间或者有截然对立的音段特征，或者有非常相近但又难以共现的音段特征，而这一特征在两组音的内部之间应该是共享的。从表 5-2 哈萨克语辅音音段区别特征矩阵分析，有些音段特征是这 4 个音段的共同特征，有些则是它们的区别特征。具有区别性的特征主要是以下几个方面：在［±气流］这一特征上，k、g和q为塞音，拥有共同的气流特征，即［-连续］，而ʁ为擦音，其气流特征为［+连续］，这一特征不引发两组音之间的对立；在［±送气］这一特征上，［+送气］为k、q的共同音段特征，［-送气］为g、ʁ的共同音段特征，因此这一特征也不能导致两组音段之间的排斥；与［±送气］特征相同，［±浊音］是两组音内部之间的区别特征，因此也不会导致两组音之间的排斥；而［±高频域］这一特征则是将清塞音k（［+高频域］）与g和q、ʁ区别开来（［-高频域］），且这一特征主要是发音方法相同的分类内部音段之间的相对特征，因此不具备导致两组音相互排斥的条件。由此可见这些具有一定区别性的特征都不构成两组音段之间的相互排斥。［+辅音］、［-边流］、［-鼻］、［+舌位后］和［+稳定］是这4个音段共享的特征。其中［+辅音］、［-边流］、［-鼻］是体现发音方法的特征，且是所有非边音、非鼻音辅音的共性，是可共现特征；［+稳定］是声学特征，主要是体现辅音强频集中频域分布的稳定性与否，也是辅音之间的可共现特征。［+舌位后］是体现发音部位的生理特征，这一特征也是这4个音段共同的特征，而且k、g为舌根音，q、ʁ为小舌音，两组词音的发音部位极为接近，且舌位靠后，是除喉音之外发音时舌位最靠后的两组音段。根据人的生理特征和前文研究结果，舌位靠后的音发音难度要高于发音时舌位靠前的音。这两组舌位靠后且发音部位即为接近的音，无论是相互之间经过元音衔接之后的过渡，还是相互紧邻的过渡，难度都是较大的，尤其是由舌位相对更靠前的舌根音过渡到舌位相对靠后的小舌音，难度更大，因此在同一词条中这两组音段不会同时出现，这符合语言的经济省力原则。

第六章 研究结论与展望

第一节 研究结论

本书的主要目的是分析哈萨克语词干内语音和谐的发音机制。综合多种研究方法和研究手段,经过一系列研究步骤,本研究的主要结论如下:

一 元音和谐模式

从和谐模式搭配能力,即在各种和谐模式中出现频次高低来看,前元音中和谐搭配能力最强的是元音 e,其次为 i、æ、y、ø。在前元音 e 与各元音的搭配模式中,e-e 模式出现的频次最高,然后是 e-i 模式;i 与各元音搭配的模式中,i-i 与 i-e 模式相差无几,与其他模式相比是最高的;æ 与各元音的搭配模式中 æ-e 模式出现的频次最高,其次是 æ-i 模式;y 与各元音的搭配模式中,y-i 模式出现的频次最高,然后是 y-e 模式;ø 与各元音搭配的模式中,ø-e 出现的频次最高,其次是 ø-i 模式。除上述各模式外,还有其他一些搭配模式,但是它们出现的频次都在 550 次以下,数量极少。

因此，前元音和谐搭配的各种模式按照频次可排序如下：e-e>e-i>y-i>y-e>æ-e>ø-e>æ-i>i-i>i-e>ø-i>æ-æ>e-æ>e-y>i-æ>y-y>æ-y>y-æ>ø-y>i-y>ø-æ>æ-ø>e-ø>ø-ø>y-ø>i-ø。其中具有普遍意义，即数量占绝对优势的只有e-e、e-i、i-i、i-e、æ-e、æ-i、y-i、y-e、ø-e、ø-i这10对。

后元音中和谐搭配能力最强的是元音ɑ，其次为ə、o、u。后元音ɑ与各元音的搭配模式中，ɑ-ɑ模式出现的频次最高，然后是ɑ-ə模式；ə与各元音搭配的模式中，ə-ə出现的频次最高，其次是ə-ɑ模式；o与各元音的搭配模式中，o-ɑ模式出现的频次最高，然后是o-ə模式；u与各元音的搭配模式中u-ɑ模式出现的频次最高，其次是u-ə模式。其他各种搭配模式中除ɑ-u出现1306次外，都在500次以下，数量亦是极少。后元音和谐搭配的各种模式按照频次可排序如下：ɑ-ɑ>ɑ-ə>ə-ə>ə-ɑ>o-ɑ>u-ɑ>u-ə>o-ə>ɑ-u>ə-u>o-u>u-u>ɑ-o>ə-o>o-o>u-o。其中具有普遍意义的只有ɑ-ɑ、ɑ-ə、ə-ə、ə-ɑ、u-ɑ、u-ə、o-ɑ、o-ə这8对。

综合对哈萨克语元音和谐研究结果，哈萨克语元音和谐主要搭配模式共18种：前元音e-e>e-i>y-i>y-e>æ-e>ø-e>æ-i>i-i>i-e>ø-i，后元音ɑ-ɑ>ɑ-ə>ə-ə>o-ɑ>ə-ɑ>u-ɑ>u-ə>o-ə。这一结果与耿世民先生在《现代哈萨克语语法》(1989：19—20)中提出哈萨克语前后元音和谐的9种情况相一致。虽然本次实验统计出的数据中包含除此之外的其他各种搭配模式，但是其数量极少，所占比例均不超过2%，因此整体而言本次实验结果与耿世民先生的结论基本吻合。

二 元音和谐发音机制

研究运用声学手段构建哈萨克语元音舌位模型图,结合元音音段的生理和声学特征从唇形的圆展、舌位高低、舌位前后和元音开口度四个方面构建元音音段区别特征矩阵,以此为依据分析了哈萨克语元音和谐发音机制。

从音段的音系特征来看,元音和谐模式中以"展唇—展唇"和"展唇—圆唇"的搭配居多,而"圆唇—展唇"的搭配模式甚少,没有"圆唇—圆唇"的搭配模式。"宽元音—宽元音"和"宽元音—窄元音"搭配类型较多,"窄元音—窄元音""窄元音—宽元音"搭配类型相对较少,且都是展唇元音居多,圆唇元音仅限于舌位最高的绝对窄元音,如前元音中的 y 和后元音中的 u。在元音和谐模式中出现频次最高的前元音 e-e 和后元音 ɑ-ɑ 都是展唇宽元音的组合。

元音和谐模式发音机制中起主导作用的是音段的[相对舌位高低][相对舌位前后]两个区别特征。前、后元音和谐模式的搭配类型都是以"高舌位—低舌位"类型为主,而"低舌位—高舌位"的搭配类型仅限于展唇元音之间,且都是以宽元音为起始。例如,前元音的 e-i,æ-e 和 æ-i 三对,后元音的 ɑ-ə 一对。无论是前元音的和谐模式还是后元音的和谐模式,相互搭配的两个元音之间舌位前后的对立大多是"后舌位—前舌位"。除去前元音中的两对"前—前"搭配 e-e、i-i 和后元音中的一对"前—前"搭配 ɑ-ɑ,前、后元音中各有一对"前舌位—后舌位"类型,分别是 e-i 和 ɑ-ə,但这两对是两组元音中舌位最前的两个元音之间的搭配。

总之,哈萨克语各组元音和谐模式中两个音段之间的搭配类型主要是"高舌位—低舌位""后舌位—前舌位"的组合。哈萨克语元音和谐模式是语言发展中经济原则的体现。

三 辅音和谐模式

本研究所做的辅音和谐是广泛意义的,包括对辅音与各元音搭配的研究,而不仅是对辅音 k、g 和 q、ʁ 两组音位的研究。研究结果显示,各辅音与前元音搭配频次高低顺序为:k>t>l>r>s>d>n>w>ʃ>j>m>b>z>g>p>ʤ>ŋ>q>ʁ>x>h;各辅音与后元音搭配频次高低顺序为:q>t>l>r>s>w>d>n>ʃ>j>m>b>ʤ>z>ʁ>p>ŋ>x>h。除 k、g、q、ʁ 四个辅音外,其他辅音分别与前元音和与后元音搭配频次的高低顺序基本一样。

研究分别统计了 VC(C)和 CVC(C)音节中元音与辅音的组合数据和 CV[C(C)]音节中辅音后接元音搭配数据。"元音+辅音"组合数据统计结果显示,无论是前元音还是后元音与辅音搭配的数量主要集中在送气清塞音 p、t、k(只与前元音搭配)、q(主要与后元音搭配),擦音 s、z、ʃ,鼻音、边音、颤音和半元音。其中元音与塞音搭配时,与送气清塞音的搭配数量远比与浊塞音的搭配数量多;VC(C)音节中前元音与浊塞擦音 ʤ 的组合相对较多,而在 CVC(C)音节中则是后元音与之搭配较多;在与擦音的搭配中都是与 s、z、ʃ 三个辅音的组合数量多,而与 ʁ、x、h 的组合数量少;两种音节类型中元音与鼻音、边音、颤音和半元音的组合量都是相对较多的,而且无论在哪种音节类型中前元音 i、ø 和后元音 ə、o 与半元音 w 几乎都没有组合显现。同时,元音在与塞音和擦音搭配时,与 b、d、g 的组合多出现在第一音节,第二音节开始数量较少,最多不超过第三音节的现象,与《哈萨克语简志》(1985:7)中提出的"b、f、v、d、ʧ、g、χ、ʁ 可出现在词首、词间,在本族语中不出现在词尾"的说法相吻合。总计，前元音后接各辅音搭配数量多少的顺序为：r>k>w>n>l>j>s>t>z>ŋ>m>ʃ>p>q>g>ʤ>b>d>ʁ>χ>h，后元音后接各辅音搭配数量多少顺序为：q>w>r>l>n>j>s>t>z>ŋ>m>ʃ>p>b>ʁ>ʤ>χ>d>h。因此总的来看，元音后接辅音时与元音搭配数量最多的是颤音r，其次是半元音w，而搭配数量最少的是擦音中的ʁ、χ、h三个音和塞音中的浊塞音。

CV［C（C）］音节中辅音后接前元音搭配频次高低顺序为：k>t>d>l>s>ʃ>b>r>g>m>n>ʤ>j>p>z>q>w>ʁ>ŋ>χ>h；辅音后接后元音搭配频次高低顺序为：t>q>d>l>s>ʃ>r>b>ʤ>ʁ>m>n>j>p>w>z>ŋ>x>h。在所有"辅音+元音"的搭配中，搭配频次较高的集中在各辅音与前元音æ、e和i的组合和与后元音ɑ、ə的组合。相对而言，在前元音中与辅音搭配频率最高的是元音e，在后元音中与各辅音搭配频率最高的是元音ɑ。但是所有辅音与前元音ø、y和后元音o、u的组合数量都较少，尤其是与前元音ø和后元音o的组合，是每个辅音与各个元音的组合里面占比最少的，而且通过对各个音节中辅音与元音的组合数据分析可见，辅音与这四个圆唇元音的组合主要集中在前两个音节，不超过第4个音节。

在各辅音与元音的搭配组合中，分别与前元音æ、e、i、ø、y搭配数量最多的都是送气清塞音k，与后元音ɑ搭配数量最多的是送气清塞音t，与后元音ə搭配数量最多的也是送气清塞音t，分别与后元音o和u搭配数量最多的都是送气清塞音q。

数据分析明确显示，辅音k、g只与前元音搭配，不与后元音搭配。辅音q、ʁ与前后元音均有搭配的现象，只是与前元音搭配的比例远远低于与后元音搭配的比例。辅音q与后元音搭配比例为

13.20%，但与前元音搭配的比例仅 1.14%；辅音 ʁ 与后元音搭配的比例为 2.75%，而与前元音搭配的比例只有 0.15%。

四 辅音和谐发音机制

研究以声学分析为基础，结合辅音的发音方法、发音部位从［±辅音］、［±连续］、［±送气］、［±边流］、［±鼻］、［±浊音］、［±舌位后］、［±高频域］、［±稳定］等几个方面构建了哈萨克语本族语词汇中辅音的区别性特征矩阵，以声学分析和辅音区别特征矩阵为依据，结合语音和谐搭配模式，分析了哈萨克语辅音和谐发音机制。

元音后接辅音时搭配数量较多的 4 个辅音 r、w、n、l 的共同特征是［−舌位后］［−高频域］。从强频集中区分布的稳定性来看，n、l 和 r 的特征都是［−稳定］。边音 l 在接不同的元音时强频集中区的频域会随着所接元音第二共振峰的频域分布而发生相应的变化，n 和 r 这两个音在元音前和元音后时，强频集中区分布频域变化较大，位于元音后时其分布频域更低，更便于前面的元音和辅音之间能量的衔接过渡。"高频域—低频域"组合模式符合音节的能量分布趋势和语言发展的经济原则。

元音后接辅音时搭配数量最少的几个音包括 b、d、ʤ、ʁ、χ、h。前三个音段 b、d、ʤ 的特征是［−连续］。气流在口腔中畅通无阻的元音，后接［−连续］辅音时，由连续的气流变为非连续的气流，比一直保持连续的气流难度要大，这是元音后接塞音搭配频次普遍较低的重要原因。而且这三个音都是强频集中区稳定的浊塞音（［+稳定］），元音在连续的气流之后接闭塞浊音段，然后瞬间爆破戛然而止，增加了气流控制的难度，这也是 b、d、g 在哈萨克语中不出现在词尾的重要原因。后三个音段 ʁ、χ、h 的特征是 [+舌位后]。虽然这三个音段的强频集中区分布频域在同类辅音中都是较低的,但是它们的发音部位分别是舌根和小舌,相比其他辅音而言,是发音部位最靠后的音段。由于元音都是舌位偏前的音段,后接这些辅音时要实现"前舌位—后舌位"的动程,增加了舌位控制的难度。由于以上两个方面的原因,浊塞音、浊塞擦音和舌位靠后的擦音在前接元音时搭配频次不高。哈萨克语元音后接辅音组合频次高低的第一决定因素是 [±舌位后],与 [-舌位后] 辅音搭配频次高于与 [+舌位后] 辅音的搭配频次;第二决定因素是 [±连续],与 [+连续] 辅音搭配频次高于与 [-连续] 辅音的搭配频次;第三决定因素是 [±高频域],与 [-高频域] 辅音搭配频次高于与 [+高频域] 辅音的搭配频次。

辅音的强频集中区分布频域和元音舌位相对前后是决定辅音与元音搭配特征的主要因素。首先,强频集中区分布频域居中的辅音,如塞音 t、d、b、擦音 s、ʃ 和频域分布不稳定的边音 l、颤音 r 与元音搭配频次较高。其次,哈萨克语前元音整体第二共振峰频域高,更易受辅音强频集中区分布频域影响,而后元音整体第二共振峰频域低,受辅音强频集中区分布频域影响小,因此哈萨克语中后元音词汇多于前元音词汇。最后,同类辅音中,强频集中区分布频域最高的辅音与元音搭配频次,主要受元音舌位相对前后的影响。与舌位偏前的元音的搭配频次高于与舌位偏后元音的搭配频次。其他辅音与元音的搭配频次,在受元音舌位前后影响的同时,随着强频集中区分布频域越低越容易受到元音舌位相对高低的影响,且与前元音的搭配比与后元音的搭配更易受元音舌位高低的影响。一般来说,与舌位相对偏高的元音搭配频次高于与舌位相对偏低的元音的搭配频次。

辅音与辅音的和谐现象主要是 k、g 和 q、ʁ 两组音段之间的相互排斥。这一现象的主要原因是两组音段的发音舌位均为 [+舌位后]，且发音部位极为接近，导致这两组音段之间无论是通过元音衔接的过渡，还是相邻过渡，都较为困难。而它们之间的互相排斥现象则是符合语言的经济省力原则。

第二节 研究创新点

第一，建立哈萨克语本族语词汇语料库。本书在《哈萨克语语料库——汉哈—哈汉电子词典—词尾表》的基础上，借助自身多年工作学习积累的对英语词汇的感知，并结合《哈汉辞典》对外来语的标注和《哈萨克语文学语言词典》（Казак әдеби тілінің сөздігі）中对词源的注释，筛选出语料库中的外来词汇，完成《哈萨克语与英语、俄语声近义通词汇编》，进而构建《哈萨克语本族语词汇语料库》为本书的实验提供了基础数据。

第二，编写哈萨克语国际音标转写程序。结合哈萨克语语音系统、哈萨克语音位与国际音对照表以及哈萨克语文字规则，研究运用 Mat lab 平台编写程序，对《哈萨克语本族语词汇语料库》内容进行处理，将哈萨克语文本批量转换为国际音标，为本书也为后期更多人对哈萨克语进行更广泛的研究提供了可能性。

第三，哈萨克语语音和谐模式统计方法。首先，实验运用词汇音节拆分法，将每一个单词按照哈萨克语音节划分规则拆分为音节，提取每个音节中的音节核，即元音，找出每个单词内音节间的元音搭配模式，也就是该词条的元音搭配模式。然后，以每个词条的元搭配模式中的第一个元音作为起始元音，统计与其搭配的其他元音，提取元音和谐搭配模式。对辅音和谐模式的统计，同样是以音节为基础，分别统计不同音节类型中元音和辅音、辅音和元音的搭配模式和搭配频次。通过以上分别对元音和谐模式、辅音和谐模式的统计，本书较全面地掌握了哈萨克语词干内语音和谐的搭配模式，为发音机制的研究提供了必备条件。

第四，运用声学研究手段揭示哈萨克语语音和谐发音机制。实验运用声学研究手段提取元音的第一共振峰 F1 和第二共振峰 F2 的数据，并运用声学理论构建哈萨克语元音舌位模型图，在此基础上结合元音音段的生理和声学特征从唇形的圆展、舌位高低、舌位前后和元音开口度四个方面构建元音音段区别特征矩阵。其中"舌位高低"和"舌位前后"基于声学数据采用级差对立，以 Scale 模式体现，用数字 1 代表最高程度（舌位最前或舌位最高），数字 2 代表次之程度，以此类推。在辅音方面，则是结合辅音的发音方法、发音部位和对辅音的声学分析，实验从 [±辅音]、[±连续]、[±送气]、[±边流]、[±鼻]、[±浊音]、[±舌位后]、[±高频域]、[±稳定] 等几个方面构建了哈萨克语本族语词汇中辅音的区别性特征矩阵。以声学分析和元音、辅音区别特征矩阵为依据，结合语音和谐搭配模式，研究分析了哈萨克语语音和谐发音机制。

第三节 未来研究展望

本书主要运用声学语音学知识分析了哈萨克语语音和谐发音机制，而多样性的研究手段和更广泛的研究资源可以更加充分地证明研究结果。因此，在今后的工作中可从以下几个方面对本课题进行进一步的研究：

第一，进一步核实语料，减少研究误差，提高研究结果的信度和效度。在此基础上对本研究中提取出的数量较少的元音和谐模式进行深入研究。

第二，升级研究手段，借助声学和生理语音研究仪器采集多方面数据，从多个角度对哈萨克语语音和谐发音机制进行探讨。

第三，更多学习哈萨克语词汇语法知识，以哈萨克语语音和谐发音机制为基础，探讨哈萨克语语音和谐音系机制。

第四，以本研究中各部分的研究结果为基础，积极促进哈萨克语语言资源保护和人机对话发展进程。

第五，以本书中《哈萨克语本族语词汇语料库》和本书附加成果《哈萨克语与英语、俄语声近义通词汇编》为基础，探讨哈萨克语发展演变历史中的语言接触现象。

参考文献

Archangeli, D. & D., Pulleyblank, Harmony, In P. Lacy (ed.), *The Cambridge Handbook of Phonology*, CUP, Cambridge, 2007: 353 – 378.

Archangeli, D. & D., Pulleyblank, Yoruba Vowel Harmony, *Linguistic Inquiry*, 1989 (20): 173 – 217.

Archangeli, D., Aspects of Underspecification Theory, *Phonology*, 1989 (5): 183 – 207.

Archangeli, D., *Underspecification in Yawelmani Phonology and Morphology*, MIT. Cambridge, Massachusetts, 1984.

Chomsky, Noam & Morris Halle, *The Sound Pattern of English*, New York: Harper & Row Publishing House, 1968.

Clements, G. N., Akan vowel harmony: a non-linear analysis, In G. N. Clements (ed.), *Harvard Studies in Phonology*, 1981, Vol. 2: 108 – 177.

Clements, G. N., Vowel Harmony in Non – linear Generative Phonology:

an autosegemental model, *Distributed by the Indiana University Linguistics Club*, Bloomington, 1976.

Firth, J. R., Application of General Linguistics, *Transactions of the Philosophical Society*, 1957: 1 – 14.

Firth, J. R., Sounds and prosodies, *Transactions of the Philosophical Society*, 1948: 127 – 275.

Goldsmith, John, *Autosegmental Phonology*, MIT, 1976.

Gussenhoven, C. & H. Jacobs, *Understanding Phonology*, Arnold, London, 1998.

Hulst, H. v/d & J. v/d Weijer, Vowel Harmony, In J. a. Goldsmith (ed.), *The Handbook of Phonological Theory*, Blackwell, Mass, 1995: 495 – 534.

Jakobson, R. & Morris Halle, Phonology and phonetics, *Fundamentals of Language*, Mount & Co., S. Gravenhage, 1956: 1 – 51.

Jakobson, R., G. Fant & M. Halle, *Preliminaries to Speech Analysis*, Cambridge, Ma: MIT Press, 1952.

Kenstowicz, M., *Phonology in Generative Grammar*, Blackwell, New York, 1994.

Lightner, T., On the Description of Vowel and Consonant Harmony, *Word*, 1965 (21): 244 – 250.

Roach, Peter, *English Phonetics and Phonology: A practical course*, Foreign Language Teaching and Research Press, 2016 (7).

Ultan, R., Some Reflections on Vowel Harmony, *Working Paper on Language Universals*, 1973 (12): 37 – 67.

Vago, R., *Issues in Vowel Harmony*, Benjamins, Amsterdam, 1980.

参考文献

T. Жанұзак, С. Омарбеков, Ә. Жүнісбек жәнеТ. Б. Казак әдеби тілінің сөздігі. Алматы：ЖШС РПБК《Дәуір》，2011.

阿布拉什：《哈萨克语词组和成语词典》，民族出版社1982年版。

阿里木·朱玛什：《哈萨克族语言简史》，孟毅译，民族出版社2014年版。

百度百科：《七河地区》，http：//baike. baidu. com/link? url = FwsJ_ 9 JKKIQFKSU_ 8KgFQnOh2NanqIUYHPjxLPQviai-1HjbPM06LFVakl 9wIFab9aV7j_ MiIBKbZ2-GCOBSLQrm，2016，11（1）。

包智明、侍建国、许德宝：《生成音系学理论及其应用》，中国社会科学出版社1997年版。

宝玉柱：《蒙古语正蓝旗土语元音和谐律研究》，《语言研究》2010年第1期。

鲍怀翘、林茂灿：《实验语音学概要（增订版）》，北京大学出版社2014年版。

布和：《东乡语的元音和谐现状初探》，《民族语文》1983年第8期。

查干：《科尔沁土语元音和谐律的特点》，《民族语文》1979年第12期。

陈晓云：《〈突厥语词典〉与现代哈萨克语元音和谐比较研究》，《满语研究》1998年第1期。

成燕燕：《现代哈萨克语词汇学研究》，民族出版社2000年版。

达肯：《汉哈常用词典》，民族出版社1981年版。

第五届全国人民代表大会：《中华人民共和国宪法》，中国法制出版社2014年版。

董同和：《阿尔泰语系语言概论》，《边政公论》1943年第2期。

范道远：《哈、汉元音音位对比》，《语言与翻译》1992年第3期。

房若愚：《新疆哈萨克族人口规模变迁及分布》，《新疆大学学报》

（哲学·人文社会科学版）2005年第4期。

格拉吉丁·欧斯满、校仲彝：《论突厥语四种语言的元音》，《语言与翻译》1985年第4期。

耿世民、李增祥：《哈萨克语简志》，民族出版社1985年版。

耿世民：《现代哈萨克语语法》，中央民族学院出版社1989年版。

呼和：《语音声学研究的思路和方法》，《第十一届中国语音学学术会议论文集》2014年第8期。

胡振华：《柯尔克孜语中的元音和谐——兼论元音和谐的不等于同化作用》，《中央民族大学学报》1981年第3期。

黄中祥：《哈萨克语言文字研究概况》，《语言与翻译》1999年第1期。

蒋宏军：《如何区分哈萨克语中的外来词》，《伊犁师范学院学报》（社会科学版）2011年第2期。

教育部办公厅：《教育部办公厅国家民委办公厅关于推进中国语言资源保护工程少数民族语言调查的通知》，http://www.chinalanguages.org，2016。

金炳喆：《哈汉词典》，新疆人民出版社1980年版。

李兵：《阿尔泰语言元音和谐研究》，商务印书馆2013年版。

李兵：《鄂伦春语的元音和谐——兼论元音和谐不属于同化范畴》，《民族语文》1992年第12期。

李婧：《哈萨克语语料库——汉哈—哈汉电子词典—词尾表》，http://vdisk.weibo.com/s/taoCn8PUHOqk4，2015，10（4）。

李绍年：《世界语与维吾尔、哈萨克语对比概述》，《语言与翻译》1985年第4期。

李增祥：《国外突厥语言研究情况》，《蒙古学资料与情报》1984年第9期。

参考文献

林焘、王理嘉：《语音学教程》，北京大学出版社2015年版。

刘景宪：《论满语元音和谐律》，《满语研究》1995年第10期。

马坎：《汉哈语言学词典》，新疆人民出版社1984年版。

马秋武：《什么是音系学》，上海外语教育出版社2015年版。

民族语文科学讨论会：《新疆民族语言调查汇报》，民族语言科学讨论会，1955年。

木哈什：《汉哈常用名词术语对照》，新疆人民出版社1983年版。

那依满：《哈汉成语词典》，新疆人民出版社1987年版。

那依满：《汉哈词典》，新疆人民出版社1979年版。

娜孜古丽·吐斯甫那比：《哈萨克语语音声学分析中［r］的几种表现形式》，《第十一届中国语音学学术会议（PCC2014）论文集》2014年第8期。

娜孜古丽·吐斯甫那比：《哈萨克语元音o、ø、y、u的和谐规律及声学分析特征》，《第十一届中国语音学学术会议（PCC2014）论文集》2014年第8期。

努尔别克·阿布肯：《哈汉辞典》，民族出版社2014年版。

帕提曼·比都拉、阿力肯·阿吾哈力：《古代突厥语词在哈萨克语中的演变》，民族出版社2015年版。

清格尔泰：《关于元音和谐律》，《民族研究文集》，民族出版社1981年版。

冉启斌、石锋：《从音轨方程考察普通话不送气塞音声母的协同发音》，《南开语言学刊》2006年第2期。

石锋：《语音格局——语音学与音系学的交汇点》，商务印书馆2008年版。

史铸美：《试论近代哈萨克语的一些演变》，《民族语文》1986年第 4 期。

王立增：《哈萨克语方言概论》，民族出版社 2000 年版。

魏玉清：《维吾尔语和谐现象的音系学研究》，博士学位论文，华东师范大学，2012 年。

吴宏伟：《哈萨克语维吾尔语音位的比较——兼谈两种语言音位系统的发展》，《民族语文》1994 年第 5 期。

新疆维吾尔自治区委员会：《哈萨克语正字法词典》，新疆人民出版社 1985 年版。

熊子瑜：《Praat 语音软件使用手册》，http：//www.praat.org，2004。

杨波、周妍：《关于哈萨克语辅音/ʃ/～/ʧ/变读现象的声学实验分析》，《伊利师范学院学报》（社会科学版）2013 年第 3 期。

杨凌：《现代哈萨克语结构研究》，新疆大学出版社 2002 年版。

尤丽吐斯：《哈萨克语与柯尔克孜语元音系统对比研究》，《新疆工学院学报》2000 年第 6 期。

张定京：《现代哈萨克语实用语法》，中央民族大学出版社 2004 年版。

张定京：《现代哈萨克语语音研究问题》，《伊犁师范学院学报》（社会科学版）2009 年第 3 期。

赵明鸣：《〈突厥语词典〉的基本元音系统及其元音和谐研究》，《民族语文》1997 年第 2 期。

郑成加、胡那皮亚等：《新疆哈萨克族迁徙史》，新疆大学出版社 1993 年版。

郑桓：《哈萨克语元音 i 音位的实验语音学分析》，《伊犁师范学院学报》（社会科学版）2009 年第 4 期。

中国新闻网：《甘肃阿克塞哈萨克族自治县歌舞"庆生"》，http：//www.chinanews.com/tp/2014/08-03/6453061.shtml，2014，8（3）。

中国伊斯兰教协会网:《新疆维吾尔自治区最新人口数据》, http://www.chinaislam.net.cn/cms/news/media/201610/30-10538.html, 2016。

中央人民广播电台民族部哈语组:《汉哈成语词典》, 民族出版社1982年版。

仲素纯:《达斡尔语的元音和谐》,《民族语文》1980年第12期。

周妍:《哈萨克语元音音位系统分析研究》, 硕士学位论文, 中央民族大学, 2014年。

附录1 哈萨克语词汇元音搭配模式汇总表

搭配类型	总数	搭配类型	总数	搭配类型	总数	搭配类型	总数
a	282	aaəu	42	æeiiii	1	æeeie	2
aa	1896	aao	23	ææi	25	æeeii	11
aaa	1981	aaoa	9	ææiæ	3	æeeiie	2
aaaa	359	aaoaa	1	ææiæy	1	aəeeue	4
aaaaa	9	aaoaaa	4	ææie	5	æeey	21
aaaaaə	2	aaoaə	1	ææii	7	æeeyi	1
aaaaaəa	1	aaoə	11	ææiie	1	æei	213
aaaaau	2	aaoəa	1	ææø	6	æeiæ	1
aaaaə	27	aaoueau	1	ææøe	8	æeie	37
aaaaəa	1	aau	187	ææøee	1	æeiei	6
aaaaəaə	1	aaua	14	ææøeeey	1	æeieie	2
aaaaəə	2	aauaə	2	ææøi	2	æeieiy	1
aaaau	26	aauə	24	aəaəu	2	æeiey	7
aaaə	355	aauəa	1	aəaəuə	2	æeii	61
aaaəa	33	aauəə	9	ææy	11	æeiie	2
aaaəaa	1	aauu	2	ææyææ	1	æeiy	4
aaaəaau	1	æ	78	ææye	2	æeø	5
aaaəə	4	aə	1438	ææyei	1	æeøæ	1
aaaəəu	3	aəa	1478	ææyi	2	æeøi	1

附录1 哈萨克语词汇元音搭配模式汇总表

续表

搭配类型	总数	搭配类型	总数	搭配类型	总数	搭配类型	总数
aaaəə	41	aəaa	177	aəuæ	115	æəø	5
aaaəeə	6	aəaaə	13	aəuəə	2	aəəu	52
aaaəəə	1	aəaaəu	1	aəauəə	1	aəəuə	2
aaaəu	4	aəaau	12	æe	300	æey	22
aaaəuə	1	æə	63	aəə	883	æeyæ	1
aaau	138	aəaə	259	aəəa	104	æeyi	3
aaauə	3	aəaəa	13	aəəeə	3	æeyii	1
aaauəə	2	æəæ	55	æəæ	15	æi	232
aaə	1326	æəææ	12	aəəəə	11	æiæ	15
aaəa	190	æəææi	1	æəæ	15	æiæ	9
aaəaə	2	æəææy	1	æəæi	1	æiæææ	1
aaəaaa	2	æəæe	2	æəæy	1	æiæəi	2
aaəaə	18	æəæi	18	aəəeə	3	æiæəiy	1
aaəaəə	1	æəæii	1	æəæi	4	æiæəy	1
aaəaəeə	2	æəæy	7	æəæø	1	æiæi	1
aaəaəue	1	æəæyææ	1	aəəau	8	æie	242
aaəau	30	æəe	37	æee	249	æiee	45
aaəə	297	aəəə	28	aəəə	201	æieee	1
aaəəa	16	aəəəa	2	aəəəa	14	æieey	1
aaəəə	1	æəee	5	æeee	56	æieei	6
aaəəue	1	æəei	1	aəəəə	10	æieeiie	2
aaəəau	1	æəey	2	æeeei	8	æieey	10
aaəəəə	19	æəi	20	æeeeiie	2	æiei	59
aaəəəə	1	æəii	5	æeeey	8	æieie	1
aaəəəu	2	æəiii	2	æeei	72	æieii	12
æieiie	4	aəuə	25	auəau	1	əaue	44
æieiy	1	aəuəə	10	auəəə	2	əaua	2
æieø	1	æy	20	auu	1	əauə	1
æiey	20	æyæ	4	e	150	ee	770
æieyi	2	æyæi	1	ə	194	əə	745
æii	123	æyæie	1	əa	619	əaə	893

续表

搭配类型	总数	搭配类型	总数	搭配类型	总数	搭配类型	总数
æiie	13	æye	16	əaa	465	əaeе	30
æiieæ	1	æyee	3	əaaa	91	əəaeе	6
æiiee	1	æyeey	2	əaaaa	1	əaeau	8
æiiei	7	æyei	7	əaaaə	1	əəauе	1
æiieii	2	æyeii	1	əaaau	3	eeə	27
æiiey	6	æyey	1	əaaə	59	əəae	112
æiii	29	æyi	13	əaeə	3	əəaee	16
æiiii	1	æyie	3	əaaeə	8	eeæ	8
æiiiie	2	æyiei	1	əaao	1	əəeəa	1
æiiø	1	æyiey	1	əaau	28	eeææy	1
æiiy	2	æyii	2	eæ	38	əəueаe	1
æiø	10	æyy	1	əae	293	əəee	20
æiøæ	1	æyye	1	əaeа	40	eeæi	15
æiøe	2	ao	21	eææ	60	əəueе	1
æiøey	1	aoa	22	əaəa	4	əoeo	1
æiøi	9	aoaə	5	eææə	20	əəoee	1
æiøii	1	aoau	2	eææi	4	əəue	33
æiøy	1	aoə	22	eææəy	7	əəuеe	1
æiy	14	aoəə	3	eææi	20	eee	640
æiye	1	aou	1	eææii	1	əəe	386
æiyi	1	au	151	eææiy	1	əəeе	125
æiyii	1	aua	66	eææy	3	əəeeа	1
æø	19	auaa	9	əaueau	6	eeeæ	2
aəo	13	auaaa	2	eæe	1	əəeee	5
aəoa	3	auaau	1	əaeе	80	əəeue	9
æøæ	2	auaə	14	əaeəа	4	eeee	63
aəoau	1	auəa	2	eææе	1	əəeе	81
æøe	8	auəə	2	əaəəə	5	əəeeа	5
aəoə	11	auəaə	2	əaəəəa	1	əəeeе	7
aəoе	1	auəu	1	eæii	1	eeeei	5
aəoəaе	1	auəua	1	eæi	39	eeeey	7

附录1 哈萨克语词汇元音搭配模式汇总表

续表

搭配类型	总数	搭配类型	总数	搭配类型	总数	搭配类型	总数
aəoəau	1	auau	4	eæiæ	6	eeei	101
æəee	4	auə	67	eæiæi	1	eeeie	3
aəoəə	4	auəa	4	eæii	2	eeeiey	1
æøi	6	auəæ	1	eæø	1	eeeii	7
æøiie	1	auəeuə	1	eæøi	1	eeeiie	2
æøø	1	auəau	2	əæuе	6	eeeø	2
æøøi	1	auəə	20	əao	4	əeeuе	18
aəu	238	auəəa	1	əaoe	4	eeey	46
eei	438	eiie	43	eyi	30	ieiey	1
eeiæ	1	eiiei	4	eyiæ	2	ieii	33
eeie	49	eiiey	6	eyiæi	1	ieiii	1
eeiei	3	eiii	85	eyiæy	2	ieiy	2
eeiey	2	eiiie	1	eyii	4	iey	32
eeii	82	eiiiey	1	i	79	ieyæ	1
eeiiæ	1	eiiii	9	iæ	31	ieye	1
eeiie	3	eiiy	9	iææ	52	ieyi	5
eeiii	1	eiiyi	1	iææe	14	ieyii	3
eeiiy	1	eiø	5	iæææi	1	ii	354
eeiy	5	eiøæ	2	iææe	1	iiæ	12
eeø	7	eiøæi	1	iææei	1	iiæe	7
əəoa	2	eiøi	1	iææi	14	iiææi	1
eeøæ	2	eiy	94	iææii	1	iiææy	1
eeøæy	1	eiyæ	2	iææy	5	iiæe	1
eeøi	3	eiyi	7	iæe	6	iiæei	1
əəu	130	eiyie	1	iæee	2	iiæeii	1
əəua	7	eiyii	1	iæei	7	iiæei	8
əəue	7	eø	12	iæeii	1	iiæii	2
əəueə	2	əo	4	iæi	25	iie	253
eey	83	əoa	7	iæiæ	6	iiee	19
eeyæ	2	əøæ	15	iæiæy	1	iieei	1
eeyi	9	əoaə	1	iæii	9	iiei	32

续表

搭配类型	总数	搭配类型	总数	搭配类型	总数	搭配类型	总数
eeyii	2	eøæi	2	iæiii	1	iieie	6
ei	635	eøæy	3	iæiy	1	iieiey	1
eiæ	18	əoau	1	iæy	6	iieii	6
eiææ	10	eøe	2	iæyæ	1	iieiii	2
eiææi	1	əoe	3	iæyæi	1	iieiy	1
eiææy	1	eøi	7	ie	335	iiey	16
eiæi	12	əu	81	ieæ	6	iieyii	1
eiæii	1	əua	14	ieææ	4	iii	204
eiæy	1	əuaə	2	ieæi	2	iiiæ	2
eie	422	əuau	1	iee	279	iiie	27
eieæ	1	əue	14	ieee	32	iiiee	1
eiee	46	əuəa	2	ieeey	1	iiieii	1
eieei	2	əuei	1	ieei	30	iiiey	4
eieey	6	əueə	3	ieeii	1	iiii	33
eiei	74	əueəa	1	ieey	14	iiiie	5
eieii	3	ey	71	ieeyii	1	iiiii	2
eiey	49	eyæ	7	iei	163	iiiy	10
eieyii	1	eyæi	3	ieiæ	1	iiy	54
eii	368	eyæii	1	ieiæi	2	iiyi	3
eiiæ	1	eye	9	ieie	23	iiyii	1
eiiæi	2	eyei	1	ieiei	1	iø	2
iøæ	3	oaəu	11	oəeeə	5	øieeii	1
iøææ	1	oaəuə	1	øeeee	1	øiei	24
iøe	3	øæy	1	øeeeey	1	øieii	2
iøi	3	oao	1	øeeei	9	øiey	9
iøii	1	oaoa	2	øeeey	7	øii	167
iøiii	1	oaoaa	1	øeei	54	øiie	20
iy	34	oaoaau	1	øeeii	6	øiiei	3
iyæ	2	oaoaə	1	øeeiie	2	øiiey	6
iyæi	1	oaoə	1	øeeə	2	øiii	35
iye	7	oau	71	oəueə	11	øiiie	4

附录1 哈萨克语词汇元音搭配模式汇总表

续表

搭配类型	总数	搭配类型	总数	搭配类型	总数	搭配类型	总数
iyi	9	oaua	1	øeey	23	øiiii	6
iyiæ	1	oauə	5	øei	280	øiiy	3
o	121	oauəə	2	øeiæ	3	øiø	1
ø	81	oə	504	øeie	32	øiøe	2
oa	681	øe	407	øeiee	5	øiøi	1
oaa	679	oəa	424	øeiei	3	øiy	44
oaaa	86	oəaa	72	øeiey	4	øiyæ	2
oaaaə	1	oəaaa	2	øeii	64	øiyi	4
oaaau	3	oəaaaə	1	øeiie	2	oo	1
oaaə	74	oəaaə	3	øeiii	3	øø	3
oaaəa	6	oəaau	4	øeiy	11	ooa	9
oaaəə	10	oəaə	54	oəo	1	ooaa	1
oaaəu	1	øeæ	10	øeø	3	øøæ	4
oaaəuə	1	oəaəa	8	oəoə	1	ooə	2
oaau	42	oəaəə	8	øeøe	2	øøe	1
oaə	375	øeæi	6	øeiøei	1	øøei	1
øæ	24	øeæie	1	oəu	82	øøi	1
oaəa	54	øeæiei	1	oəua	2	ou	54
oaəaə	5	øeæiey	1	oəuə	2	oua	13
øææ	27	øeæii	3	oəuə	7	ouaə	3
øææø	3	oəau	38	oəuəə	3	ouau	1
øææy	1	oəuə	1	øey	45	ouə	22
øææi	3	oəə	224	øeyæ	1	ouəə	1
oaəuəu	1	øee	361	øeyæi	1	ouu	1
øææy	1	oəəa	20	øeyi	4	øy	42
oaəue	5	oəəə	1	øeyii	1	øyæ	3
oaəə	83	øeeæ	1	øi	270	øye	1
øæe	4	oəəaə	1	øiæ	8	øyee	1
oaəəa	2	oəəau	6	øiæə	2	øyeey	1
oaəəə	1	oəəə	48	øiææ	1	øyei	1
øæee	4	øeee	62	øiæi	4	øyi	9

续表

搭配类型	总数	搭配类型	总数	搭配类型	总数	搭配类型	总数
øæei	3	oəeeə	6	øie	141	øyie	1
øæi	11	oəeee	1	øieæ	1	øyii	3
øæø	2	oəəəau	1	øiee	18	u	122
ua	691	uəeə	65	yeee	46	yiiyi	1
uaa	542	uəeeə	15	yeeee	1	yiø	3
uaaa	60	uəəee	5	yeeey	2	yiøæ	1
uaaaə	5	uəeu	8	yeei	36	yiy	70
uaaaəu	1	uəu	99	yeeii	3	yiyi	11
uaaau	6	uəua	1	yeey	18	yiyii	3
uaaə	76	uəeə	6	yei	238	yø	4
uaaəə	6	uəuə	1	yeiæi	1	yøi	2
uaaəu	2	uoa	1	yeie	24	yy	54
uaau	33	uoaə	1	yeiey	1	yye	1
uaə	380	uoə	2	yeii	45	yyi	14
uaəa	43	uu	48	yeiie	1	yyii	2
uaəeə	7	uua	12	yeiii	2		
uaəaəə	1	uuaa	1	yeiy	7		
uaəau	7	uuə	14	yeiyii	1		
ueə	78	uuəə	2	yeø	4		
uaəeə	7	y	115	yeøæ	1		
uaəee	4	yæ	21	yeøi	2		
uaəu	12	yææ	21	yey	42		
uaəuə	3	yæææ	6	yeyæ	3		
uao	2	yææi	1	yeyi	8		
uaoə	1	yææy	1	yeyii	2		
uau	72	yææi	10	yi	483		
uaua	1	yæeii	1	yiæ	9		
uauə	6	yææiy	1	yiææ	4		
uauəə	2	yææy	2	yiæi	4		
uə	544	yæe	7	yiæiæ	1		
uəa	487	yæee	5	yie	477		

附录1 哈萨克语词汇元音搭配模式汇总表

续表

搭配类型	总数	搭配类型	总数	搭配类型	总数	搭配类型	总数
uəaa	24	yæei	3	yiee	40		
uəaaə	2	yæeii	1	yieei	3		
uəaaəa	1	yæi	25	yieey	4		
uəeaəa	1	yæiæ	1	yiei	57		
uəaau	3	yæie	1	yieii	9		
uəaə	71	yæiey	1	yieiiy	1		
uəaəə	8	yæii	11	yieiy	1		
uəeəəə	1	yæiii	1	yiey	34		
uəaəuəə	1	yæiy	2	yii	275		
uəau	39	yæø	1	yiie	35		
uəauəə	2	yæy	2	yiiee	1		
uəə	310	ye	441	yiiei	4		
uəəa	53	yeæ	7	yiiey	2		
uəaeə	1	yeææ	8	yiii	64		
uəeəəu	3	yeææ	2	yiiie	2		
uəəeəa	2	yeæi	2	yiiii	6		
uəəau	6	yee	315	yiiy	8		
						总855种	41160①

① 注：经过筛选，最后用于统计词汇元音和谐模式的词汇总数38975，其中复合词2185，即单纯词与复合词前词总计数38975，加复合词后词2185，前后词元音和谐模式统计词汇数量总计41160。

附录2 CV(C)结构中元音与辅音搭配数据统计表

音位	塞音							塞擦音	擦音						鼻音			边音	颤音	半元音	
	b	p	d	t	g	k	q	dʒ	s	z	ʃ	ʁ	x	h	m	n	ŋ	l	r	w	j
S1æ	6	20	2	40	3	13	3	17	72	15	10	2	3	0	39	85	25	83	154	102	75
S2æ	1	33	4	33		8	29		16	21	10		1		21	64	3	27	101	10	42
S3æ		19		74		2	26	1	25	41	6	1			1	73	7	28	46	32	56
S4æ		1		10			23		11	6	1				1	46		2	7	27	8
S5æ							2		1								1				
S6æ															1						1
S7æ															1						
sum	7	73	6	157	3	23	83	18	125	83	27	3	4	0	64	268	36	140	308	171	182
S1e	3	68	3	86	28	139		1	81	76	43				90	119	156	285	396	35	125
S2e	6	80	2	512	1	754			308	54	61				219	592	317	295	388	409	236
S3e		6		590		345		6	389	23	40				15	531	80	120	146	728	211
S4e				91		22			66	1					2	178	7	11	15	205	25
S5e				3					2							9		1	2	12	4
S6e																			7		
S7e																			2		

附录2　CV(C)结构中元音与辅音搭配数据统计表

续表

音位	塞音						塞擦音	擦音						鼻音			边音	颤音	半元音	
	b	p	d	t	g	k	q	dʒ	s	z	ʃ	ʁ	x	h	m	n	ŋ	l	r	w	j
sum	9	154	5	1282	29	1260	0	7	846	154	144	0	0	0	326	1429	560	712	947	1398	601
S1i		23		8		43			58	48	16				14	70	40	207	219		157
S2i		119		132		535		4	286	326	156				358	494	65	635	835		203
S3i		15		35		696		41	168	510	188				57	128	23	231	294		28
S4i		8		5		575		104	23	134	42				4	8	12	68	160		2
S5i						113		19		3	5					2	5	7	50		
S6i						11				2									1		
S7i						1															
sum	0	165	0	180	0	1974	168	0	535	1023	407	0	0	0	433	702	145	1148	1559	0	390
S1ø	3	45		17	6	108	8		32	35	13				42	77	73	127	140		38
S2ø		1		2	1	5	7		8	4	4				7	1	6	5	17		10
S3ø		9		2		2	8		5	8						2		2	19		29
S4ø		2																	2		3
sum	3	57	0	21	7	115	23	0	45	47	17	0	0	0	49	80	79	134	178	0	80
S1y	3	38	7	28	9	81		5	23	42	22				83	102	66	133	349	42	268
S2y		1							2	1	2					11		7	17	165	4
S3y										1					1	2		23	8	545	3
S4y																			3	343	
S5y																				118	
S6y																				9	
S7y																				1	
sum	3	39	7	28	9	81	0	5	26	43	24	0	0	0	84	115	66	166	374	1223	275
S1a	35	194	3	169		345	12		236	83	37	78	16		161	242	311	957	733	278	799
S2a	8	183	5	687		1277	20		438	131	87	4			650	1002	695	566	723	830	671
S3a	2	25		1306		692			856	50	39				14	1086	222	226	76	1619	455
S4a				194		85			133	11					2	298	3	25	33	393	71
S5a				6		8			8						29			8	58	4	
S6a				2											1			2	9		
S7a																			1	1	

续表

音位	塞音						塞擦音	擦音						鼻音			边音	颤音	半元音	
	b	p	d	t	g	k	q	ʤ	s	z	ʃ	ʁ	x	h	m	n	ŋ	l	r	w	j
sum	45	402	8	2364	0	0	2407	32	1671	275	163	82	16	0	827	2658	1231	1774	1575	3188	2001
S1ə	18	38		39			114	18	75	94	45				133	88	103	414	532		456
S2ə		126		280			1068		556	473	229				501	845	236	1353	1418		363
S3ə		53		69			1042		282	871	298				116	238	76	346	561		18
S4ə		7		5			964		45	212	110				13	23	10	87	322		1
S5ə							205		1	7	13					1	2	23	72		
S6ə							17			1	1							3	8		
S7ə							1														
sum	18	224	0	393	0	0	3411	18	959	1658	696	0	0	0	763	1195	427	2226	2913	0	838
S1o	12	47		39			155	8	86	62	24		1		100	74	84	300	382		147
S2o		2		3			1		12	2	9				2	5	7	20	1		15
S3o		4		2			7		1	5	3					1		3	29		31
S4o																			3		
sum	12	53	0	41	0	0	165	9	99	69	36	0	1	0	102	80	84	310	434	1	193
S1u	4	31	2	55			69	4	43	53	38	4	2		62	97	43	219	267	379	81
S2u		1		1			6		5	1					12	18		12	18	480	4
S3u									3		1				1				20	987	5
S4u																				649	
S5u																				170	
S6u																				16	
S7u																				2	
sum	4	32	2	56	0	0	75	4	51	54	39	4	2	0	75	115	43	231	305	2683	90

附录3 CV(C)结构中辅音与元音搭配数据统计表

类型	音位	前元音						后元音				
		æ	e	i	ø	y	SUM	ɑ	ə	o	u	SUM
	S1p	53	61	86		3	2 3	129	9		27	246
	S2p	3	275	218		4	527	784	444	9	15	1252
	S3p	71	64	11	2	1	149	18	18			198
	S4p	5	9	1			15	26	7			33
	S5p		1				1					
	SUM	159	4 9	316	2	8	894	1119	559	9	42	1729
	S1t	211	411	371	249	545	1787	1179	455	614	487	2735
	S2t	8	795	593	1	52	153	143	1 91	11	76	26 8
送气清塞音	S3t	83	851	561	3	55	1553	1732	94	7	94	2773
	S4t	32	27	235	1	12	55	59	383		47	1 2
	S5t		14	21		3	38	19	35		5	59
	S6t			1		1	2	4	4			8
	S7t							1			1	2
	SUM	565	275	2 98	265	676	6354	6 74	3467	641	752	1 934
	S1k	11	889	335	647	689	267					
	S2k	51	737	782	19	42	1631					
	S3k	38	366	164	18	13	599					

续表

类型	音位	前元音						后元音				
		æ	e	i	ø	y	SUM	ɑ	ə	o	u	SUM
	S4k		21	44		1	66					
	S5k	1	3	14			18					
	S6k			4			4					
	SUM	765	4766	3441	949	1421	11342					
送气清塞音	S1q	16		24	39	38	261	29	11	94	895	4818
	S2q	39	1	27	23	15	15	145	1414	31	89	2579
	S3q	31		8	31	17	87	286	365	57	38	746
	S4q	3		2	4		9	18	26	3		227
	S5q	1					1	1	15			16
	S6q								2			2
	SUM	234	1	61	97	7	463	3359	312	995	122	8388
浊塞音	S1b	125	426	239	257	216	1263	163	188	333	583	2167
	S2b	71	447	356	3	23	9	843	65	13	32	1493
	S3b	34	23	13	1	4	75	167	17	4	8	196
	S4b	5	12	5			22	8	5			13
	SUM	235	98	613	261	243	226	281	815	35	623	3869
	S1d	2	174	83	57	134	648	328	76	11	67	581
	S2d	73	821	499	3	3	1399	121	76	2	9	1792
	S3d	46	188	552	2	1	1689	253	815		1	335
	S4d	38	198	366			62	396	584			98
	S5d		1	93			13	25	123			148
	S6d	1		4			5	11	2			13
	S7d			1			1					
	SUM	358	2291	1598	62	138	4447	4311	236	116	77	6864
	S1g	14			9	65	88					
	S2g	22	53	596	5	41	1167					
	S3g	3	185	25	19	64	476					
	S4g	1	13	42		4	6					
	S5g			6			6					
	SUM	4	71	849	33	174	1797					

附录3 CV(C)结构中辅音与元音搭配数据统计表

续表

类型	音位	前元音						后元音				
		æ	e	i	ø	y	SUM	ɑ	ə	o	u	SUM
浊塞擦音	S1ʤ	15	442	146	89	17	952	1481	438	256	312	2487
	S2ʤ	26	122	148	2	18	316	331	438	1	13	783
	S3ʤ	16	4	14	1	1	72	5	46	3	18	117
	S4ʤ		1				1	8	1			9
	SUM	147	65	38	92	189	1341	187	923	26	343	3396
清擦音	S1s	131	348	154	84	343	16	112	595	347	311	2265
	S2s	5	363	562	9	31	115	627	869	7	51	1554
	S3s	1	33	683	9	97	832	18	1111	9	164	1392
	S4s	4	3	149		52	28	11	26		86	33
	S5s	1		12		17	3		8		11	19
	S6s	1		2			3		1		1	2
	SUM	197	747	1562	12	54	3148	1758	279	363	624	5535
	S1ʃ	88	322	133	117	113	773	997	558	33	197	255
	S2ʃ	3	278	346	2	18	674	396	64	4	37	141
	S3ʃ	11	26	416	1	3	646	35	71	1	9	134
	S4ʃ	7	21	157	2		187	27	274		1	32
	S5ʃ		1	21			22	2	34			36
	S6ʃ								7			7
	SUM	136	828	173	131	134	232	1727	2187	317	244	4475
	S1x	12	3	1	1	1	18	66	4	5	9	84
	S2x	1	3	1	1		15	4	4	1		45
	S3x	36					36	28	2			3
	S4x							3				3
	S5x	1					1					
	SUM	59	6	2	2	1	7	137	1	6	9	162
	S1h		2				2	3				3
	S2h	1	3	1		1	15	19				19
	S3h	4					4		1			1
	SUM	14	5	1		1	21	22	1			23

续表

类型	音位	前元音					后元音				
		æ	e	i	ø	y	SUM	ɑ	ə	o	u	SUM
浊擦音	S1z	71	83	33	4	3	194	142	81	22	17	262
	S2z	28	199	187	3	23	44	383	22	6	43	652
	S3z	14	24	37		14	89	36	46		18	1
	S4z		4	2		2	8	5	2		3	1
	S5z										1	1
	SUM	113	31	259	7	42	731	566	349	28	82	1 25
	S1ʁ	11					11	41	2	1	12	74
	S2ʁ	9	3	1		2	24	966	1 84	2	52	21 4
	S3ʁ	48		2			5	229	368		78	675
	S4ʁ	7		3			1	14	93		2	1 9
	S5ʁ			1			1		14			14
	S6ʁ								1			1
	SUM	75	3	16	0	2	96	125	158	3	144	2977
鼻音	S1m	147	221	65	49	127	6 9	558	225	87	137	17
	S2m	78	443	225	16	9	771	726	373	12	26	1137
	S3m	29	241	33	4	1	3 8	432	79	2	2	515
	S4m	17	28	2			47	73	2			75
	S5m	2	2				4	1	1			2
	SUM	273	935	325	69	137	1739	179	68	1 1	165	2736
	S1n	97	58	14	1	4	183	189	46	31	31	297
	S2n	48	3 8	9	1	15	462	582	195	1	11	789
	S3n	36	9	99		119	344	244	139		197	58
	S4n	23	18	24		216	281	3	25		367	422
	S5n			4		95	99	5	3		134	142
	S6n	1				6	7				11	11
	S7n					1	1					
	SUM	2 5	474	231	11	456	1377	1 5	4 8	32	751	2241
	S1ŋ											
	S2ŋ		48	145		5	198	88	191		3	282
	S3ŋ		3	3	1		7	7	5			12

附录3 CV(C)结构中辅音与元音搭配数据统计表

续表

类型	音位	前元音						后元音				
		æ	e	i	ø	y	SUM	ɑ	ə	o	u	SUM
鼻音	S4ŋ		1			1		2				2
	SUM		51	149	1	5	2 6	95	198		3	296
边音	S1l	32	38		2	5	77	11	29	24	2	165
	S2l	57	639	385	12	15	118	1189	525	3	45	1762
	S3l	1	1269	558		51	1978	2563	9 7		88	3558
	S4l	72	297	429		8	8 6	526	6 7		19	1152
	S5l	3	8	83			94	35	143			178
	S6l	1	1	8			1	4	12			16
	S7l1	1					1		1			1
	SUM	266	2252	1463	14	79	4 74	4427	2224	27	154	6832
颤音	S1r	2	48		1		69	62	16		17	95
	S2r	47	574	417	5	38	1 81	1131	713	4	52	19
	S3r	67	4 7	292		1 2	868	914	4 9	1	168	15 1
	S4r	7	81	4		15	143	154	7		45	269
	S5r	1	18	6		3	28	121	21		19	161
	S6r		14			2	16	13	3		4	2
	S7r		4				4	2			1	3
	SUM	142	1146	755	6	16	22 9	2397	1232	14	3 6	3949
半元音	S1w	24	1	5			3	74	42			116
	S2w	9	98	67		1	256	287	448	1	7	743
	S3w	6	6	59			71	15	114			129
	S4w			25			25	2	74			76
	S5w			2			2					
	SUM	12	1 5	158		1	384	378	678	1	7	1 64
	S1	2	32	53	1		88	19	5		1	25
	S2j	45	25	379		17	691	571	647	3	52	1273
	S3j	29	25	6		65	179	41	451		164	656
	S4j	6	1	26		37	7	12	35		79	126
	SUM	82	3 8	518	1	119	1 28	643	1138	3	296	2 8

注: sn (n≥1) 为音节序号。

附录4 哈萨克语语音和谐词表部分示例

文本序号	语料库索引号	哈语	词性	汉译	IPA 转写	元音和谐模式
WN0034	N00047	ابدراڭقىرا	verb.	〈动〉有点紧张，有点慌张，比较尴尬	abdəraŋqəra	aəaəa
WN0035	N00066	ابزاتستى	adj.	〈形〉段的，段落的	abzatstə	aaə
WN0036	N00100	ابۇيىرلىلىق	noun.	〈名〉威望，威信，面子	abujərləlǝq	auəəə
WN0037	N00102	ابۇيىرسىزدان	verb.	〈动〉丧失威信，丧失威望，丢面子	abujərsəzdan	auəəa
WN0038	N00103	ابۇيىرسىزدانۋ	verb1.	ابۇيىرسىزدان 的不定式	abujərsəzdanuw	auəəau
WN0039	N00104	ابۇيىرسىزدىق	noun.	ابۇيىرسىز 的抽象名词	abujərsəzdəq	auəəə
WN0040	N00115	ابىرجۇشلىق	noun.	〈名〉焦虑不安，坐卧不宁，担忧，急躁情绪；惊魂	abərdʒuwʃləq	aəuəə
WN0041	N00126	ابىرويلىلىق	noun.	ابىرويلى 的抽象名词	abərojləlǝq	aəoəə
WN0042	N00127	ابىرويسىز	adj.	〈形〉没有威信的，没有声望的；身败名裂的，威信扫地的	abərojsəz	aəoə
WN0043	N00128	ابىرويسىزدان	verb.	〈动〉丧失威信，威信扫地，失去威望，身败名裂	abərojsəzdan	aəoəa
WN0044	N00129	ابىرويسىزداندىر	verb1.	ابىرويسىزدان 的使动态	abərojsəzdandər	aəoəaə

附录4 哈萨克语语音和谐词表部分示例

续表

文本序号	语料库索引号	哈语	词性	汉译	IPA 转写	元音和谐模式
WN0045	N00130	ابرويسزدانۇ	verb1.	ابرويسزدان的不定式	abərojsəzdanuw	aəoəu
WN0046	N00131	ابرويسزدىق	noun.	ابرويسسز的抽象名词	abərojsəzdəq	aəoəə
WN0047	N00132	ابرويشىل	adj.	〈形〉爱虚荣，爱面子的，沽名钓誉的	abərojʃəl	aəoə
WN0048	N00225	اعايىنداستىق	noun.	(1) اعايىنداس Ⅰ 的抽象名词。(2) 兄弟关系，同胞之情	aʁajəndasteq	aaəaə
WN0049	N00227	اعايىنداستىرۇ	verb1.	اعايىنداستىر的不定式	aʁajəndastəruw	aaəaəu
WN0050	N00236	اعايىنشىلا	verb.	〈动〉探亲，走亲戚，串亲戚	aʁajənʃəla	aaəəa
WN0051	N00238	اعايىنشىلاستىر	verb1.	اعايىنشىلاس的使动态	aʁajənʃəlastər	aaəəaə
WN0052	N00239	اعايىنشىلاستىرۇ	verb1.	اعايىنشىلاستىر的不定式	aʁajənʃəlastəruw	aaəəaəu
WN0053	N00240	اعايىنشىلاسۇ	verb1.	اعايىنشىلاس的不定式	aʁajənʃəlasuw	aaəəau
WN0054	N00265	اعارتقىزۇ	verb1.	اعارت的使动态	aʁartqəzuw	aaəu
WN0055	N00272	اعارتۇشىلىق	adj.	〈形〉(1) 教育的，教学的 (2) 教育事业，教学工作	aʁartuwʃələq	aauəə
WN0056	N00275	اعارتىڭقىرا	verb.	〈动〉粉刷得更白，弄得更白，把……使显得洁白	aʁartəŋqəra	aaəəa
WN0057	N00285	اعاسىندىرۇ	verb1.	اعاسىندىر的不定式	aʁasəndəruw	aaəəu
WN0058	N00383	ادامگەرشىلىك	noun.	〈名〉人道，人道主义；人情；人性，人格，人品	ædæmgerʃilik	æææii
WN0059	N00384	ادامگەرشىلىكسىز	adj.	〈形〉非人的，非人道的，没有人性的，不道德的	ædæmgerʃiliksiz	æææiii
WN0060	N00385	ادامگەرشىلىكسىزدىك	noun.	(1) ادامگەرشىلىكسىز的抽象名词 (2) 非人道的行为，不德道的行为，兽性	ædæmgerʃiliksizdik	æææiiii
WN0061	N00386	ادامگەرشىلىكتى	adj.	〈形〉有人性的，人道的，博爱的，仁慈的，通人情的	ædæmgerʃilikti	æææiii

续表

文本序号	语料库索引号	哈语	词性	汉译	IPA 转写	元音和谐模式
WN0062	N00417	ادۋن	adj.	〈形〉（1）顽强的，刚毅的，刚强的（2）有膂力有，有冲劲的，有劲的，力气大的（3）厉害的，泼辣的（4）烈性的	adwən	aə
WN0063	N00471	اجايپحانا	noun.	〈名〉（1）动物标本馆（2）动物园	adʒajəpxana	aaəaa
WN0064	N00492	اجارسىزداندىرىل-اجا	verb1.	اجارسىزداندىر 的被动态	adʒarsəzdandərel	aaəeəə
WN0065	N00530	اجىراتۋشى	noun.	〈名〉隔开者，使分离者，挑拨离间者	adʒəratuwʃə	aəueə
WN0066	N00531	اجىراتۋشىلىق	noun.	〈名〉（1）拉架（行为）（2）分裂活动，挑拨离间	adʒəratuwʃələq	aəueəa
WN0067	N00545	ازايعىش	noun.	〈名〉被减数	azajʁəʃ	aaə
WN0068	N00546	ازايت	verb1., verb.	（1）ازاي 的使动态（2）削减，减少，压缩，缩减（3）〔数〕减	azajt	aa
WN0069	N00559	ازالدا	adv.	〈副〉〔口〕早先，原先	azalda	aaa
WN0070	N00625	ازعىرۋشى	noun.	〈名〉引诱者，勾引者，诱人失足者，诱骗者	azʁəruwʃə	aəuə
WN0071	N00628	ازعىرىندى	adj.	〈形〉诱惑性的，迷惑性的，蛊惑的	azʁərəndə	aəəə
WN0072	N00640	ازدىرۋشى	noun.	〈名〉勾引者，引向邪路的人，教唆犯	azdəruwʃə	aəuə
WN0073	N00698	ازىپ - توز	verb.	〈动〉（1）消瘦，变瘦，变得瘦弱（2）贫困，饥寒交迫	azəp	aə
WN0074	N00702	ازبىرقانعىش	adj.	〈形〉总是嫌少的，贪婪的，贪得无厌的，没有个够的	azərqanʁəʃ	aəaə

附录4　哈萨克语语音和谐词表部分示例

续表

文本序号	语料库索引号	哈语	词性	汉译	IPA 转写	元音和谐模式
WN0075	N00707	اي I	noun.	〈名〉(1) 月，月亮 (2) 月，月份	aj	a
WN0076	N00720	ايازدانۇ	verb1.	اياز دان的不定式	ajazdanuw	aaau
WN0077	N00752	اياقتاسترۇ	verb1.	اياقتاستر的不定式	ajaqtastəruw	aaaəu
WN0078	N00773	ايالدامستان	adv.	〈副〉不停地，不住地，马不停蹄地	ajaldamastan	aaaaa
WN0079	N00786	اياممپاز	adj.	〈形〉富有同情心的，心善的，怜悯的	ajampaz	aaa
WN0080	N00832	اياش	noun.	〈名〉女士，太太	ajaʃ	aa
WN0081	N00958	ايقۇلاقتاندر	verb1.	ايقۇلاقتان的使动态	ajqulaqtandər	auaaə
WN0082	N00959	ايقۇلاقتانۇ	verb1.	ايقۇلاقتان的不定式	ajqulaqtanuw	auaau
WN0083	N01039	اينالمالى	noun.	〈名〉(哈萨克族游戏名)《丢手绢》	ajnalmalə	aaaə
WN0084	N01040	اينالسوق I	noun.	〈名〉(哈萨克族游戏名)《丢手绢》	ajnalsoq	aao
WN0085	N01042	اينالسوقتا	verb.	〈动〉走来走去，转来转去；徘徊，盘旋，缭绕	ajnalsoqta	aaoa
WN0086	N01109	ايتقششنۇ	verb.	〈动〉自以为会讲，自以为善于讲，自为善于唱	ajtqəʃsənuw	aəəu
WN0087	N01122	ايتۇننشا	adv.	〈副〉据说，据(某人)讲，照(他)说	ajtwənʃa	aəa
WN0088	N01161	ايتۇننشا	noun.	〈名〉〔植〕蓟	æjywtiken	æyie
WN0089	N01164	ايۇسۇ	verb1.	ايۇسى的不定式	ajuwsuw	auu
WN0090	N01209	ايپتالۇشى	noun.	〈名〉被告者；罪人，罪犯	ajəptaluwʃə	aəuə
WN0091	N01356	اقماعامبەت	noun.	〈名〉〔俗〕酒，白酒	æqmæʁæmbet	ææææ
WN0092	N01398	اقسىراقتان	verb.	〈动〉(指草木)枯黄，干枯	aqsəjraqtan	aəaa

续表

文本序号	语料库索引号	哈语	词性	汉译	IPA 转写	元音和谐模式
WN0093	N01406	اقسۇيەكتىك	noun.	〈名〉贵族地位，贵族气派	æqsyjektik	æyei
WN0094	N01423	اقتاماقگۉل	noun.	〈名〉〔植〕山梅花	æqtæmæqgyl	æææy
WN0095	N01487	اقشومشى	noun.	〈名〉（用驼队）运粮的人	aqʃomʃə	aoə
WN0096	N01513	اقىلگويلىلىك	noun.	اقىلگوي的抽象名词	æqilgøjlilik	æiøii
WN0097	N01514	اقىلگويسۇ	verb1.	اقىلگويسى的不定式	æqilgøjsyw	æiøy
WN0098	N01526	اقىلدىسنۇ	verb1.	اقىلدىسن的不定式	aqəldəsənuw	aəeəu
WN0099	N01551	اقىماقتانۇ	verb1.	اقىماقتان的不定式	aqəmaqtanuw	aəaau
WN0100	N01553	اقىماقشىلدىق	noun.	〈名〉愚蠢，呆傻，傻瓜行为	aqəmaqʃəldəq	aəaəə

后　记

　　碧山远眺，沉吟凝思。光阴如梭，数岁瞬息。遥想当年，小儿蹒跚，余心彷徨，幸得至于五泉山下西北民族大学信息院之高巅。文津楼内，群英汇聚，学识之渊博，设备之先进，无不令人眼界大开。广延名师，频设讲座，信息院为我们开拓视野，博闻强学提供了广阔的平台。谨此致谢于西北民族大学信息院，感谢一代代信息院人不懈的追求和积淀。有了更高的起点，才有我们更长足的进步。

　　桃李不言，下自成蹊。信息院的济济人才，赫赫声名引无数英才竞折腰。得尊师于洪志教授不弃，我有幸在这里深造学习。刚毅果敢，格局高远，思维敏锐，于教授把自己一生的智慧和精力倾囊奉献。她的远见卓识，是每一位学生瞩目的灯塔。学高为师，德正为范，这里的老师年轻有为，亦师亦友，用他们的思想和累累硕果熏陶渲染着信息院的每一位学子。谨此致谢于敬爱的于洪志教授，感谢她悉心辅导，殷殷教诲。谨此致谢于李永宏院长和我的每一位老师，感谢他们在学习上给予的无私帮助。他们不仅传授知识，他们传播着精神和力量。高山仰止，景行行止。虽不能至，然心向往之。

　　吾非哈语者，然其为吾事。初见哈语面，目不识丁点。内外求索之，日夜心煎熬。幸得有心人，相助不图报。谨此致谢于所有在哈萨克语学习和研究中帮助过我的人们。感谢中央民族大学哈语系张定京教授，数次远程求助，皆耐心答疑解惑，让我茅塞顿开。感谢张定京教授的学生李婧老师，无偿共享哈萨克语语料库。感谢中央民族大学哈语系阿依努尔老师，数次帮我审阅哈语国际音标，一丝不苟。感谢民族出版社的古丽老师，为帮我解答难题数次求证专家。感谢阿克塞哈萨克族自治县电视台播音员乌拉尔、哈丽帕和西北民族大学维语学院哈萨克族的孩子们，认真负责，帮我完成哈语信号采集工作。没有他们，就没有我今天对哈语的认识，也难以想象本文的完成。

　　滴滴父母恩，涓涓无以报。初承学业时，小儿难自料，母亲抛家舍业，跋山涉水，远道来兰帮我料理家小。拳拳爱子心，无奈相伴少，两岁半入托，母心难割舍。谨此致谢于我亲爱的家人。感谢父亲母亲，他们为了支持我的学习和工作无怨无悔的付出。感谢我的女儿，独立体贴，小小孩童便开始懂得体谅妈妈的繁忙。他们的爱是我力量的泉源，他们的微笑是我前行的向导。

　　巍巍致美楼，共事十余载。关怀犹在耳，知遇之恩莫敢忘。互帮互助相扶持，同事之情心里装。谨此致谢于西北民族大学外国语学院的领导和同事们。感谢王谋清院长和各位领导，在我求学的路上予以支持和鼓励。感谢同事兼师兄的吴汉老师和张汉彬老师传授的学习经验。感谢各位同事好友在困难面前伸以援手。

　　踏着汗水和祝福铺就的土地，一路走来，一路遇见，你们是我此生的幸运。你们播撒的种子在那土地生根发芽，开出美丽的花。期待在未来的道路上，继续有你们一路相伴，有爱与理解相随。

辛瑞青
2019 年 5 月 6 日
于西北民族大学文津楼